나의 내면을
발견하는 여행,
메타인지의 세계로

나의 내면을 발견하는 여행, 메타인지의 세계로

자유롭고 행복한 관계를 위한 18년 차 교사가 전하는 조언

초 판 1쇄 2024년 03월 22일

지은이 날아라후니쌤 김태훈
펴낸이 류종렬

펴낸곳 미다스북스
본부장 임종익
편집장 이다경
책임진행 김가영, 윤가희, 이예나, 안채원, 김요섭, 임인영, 권유정

등록 2001년 3월 21일 제2001-000040호
주소 서울시 마포구 양화로 133 서교타워 711호
전화 02) 322-7802~3
팩스 02) 6007-1845
블로그 http://blog.naver.com/midasbooks
전자주소 midasbooks@hanmail.net
페이스북 https://www.facebook.com/midasbooks425
인스타그램 https://www.instagram/midasbooks

ISBN 979-11-6910-563-7 03190

값 17,500원

🐜 **미다스북스**는 다음세대에게 필요한 지혜와 교양을 생각합니다.

나의 내면을
발견하는 여행,
메타인지의 세계로

날아라후니쌤 김태훈 지음

**자유롭고 행복한 관계를 위한
18년 차 교사가 전하는 조언**

미다스북스

사람들 간의 관계에 어려움을 호소하는 사람들이 많이 있습니다. 다른 사람에게 상처 주지 않고 살아가는 방법은 어떤 것이 있을까요? 먼저 다른 사람보다 나를 생각해 보아야 합니다. 나는 어떤 사람인지? 무엇을 좋아하는지? 이런 것부터 알아야 합니다. 자신을 객관적으로 바라보는 메타인지가 필요한 거죠. 사람들 간의 관계에도 메타인지를 적용해야 하는 이유입니다. 나를 먼저 알아야 다른 사람과의 관계도 잘 이끌어 갈 수 있습니다.

사람들과의 관계에 관한 궁금증이 생겼습니다. 학생들의 생활지도를 하면서 말이죠. '어떻게 하면 아이들과 공감하면서 행복한 생활을 할 수 있을까?' 하는 생각 말입니다. 관계에 어려움을 느끼는 사람들을 어떻게 하면 내 편으로 만들 수 있을지에 관한 고민도 했습니다. 사람들 간의 관계가 어렵게 느껴진다면 나를 먼저 알아보아야 합니다. 나를 정확히 알고 나다움을 찾으면 관계도 개선될 수 있습니다.

사람은 성장하면서 성숙해야 합니다. 나이가 들면서 누군가를 배려할 줄 알아야 하고요. 누군가를 배려한다는 것은 무엇일까요? 소통을 위한 노력을 해야 합니다. 다른 사람을 이해할 수 있어야 하는 거죠. 같은 상황을 보고 다르게 생각하고 행동할 수도 있습니다. 삶을 살아가다 보면 내 생각만 옳고 다른 사람의 생각은 틀렸다고 주장하는 사람들을 많이 만나게 됩니다. 많은 사람이 자신에게는 관대하고 다른 사람에게는 엄격하죠.

많은 사람이 자신의 능력을 과대평가하는 경향이 있습니다. 알고 있는 지식이 얼마 되지 않는데 '모두 알고 있다.'라고 생각하는 거죠. 메타인지는 이런 오류를 극복할 수 있게 도와줍니다. 메타인지를 적극적으로 활용하려면 어떻게 해야 할까요? 끊임없이 나에 관하여 공부를 해야 합니다. 사람들 간의 관계를 개선하고 유지하려면 먼저 해야 할 일이 있습니다. 진정한 나다움은 어떤 것인지 찾아보아야 합니다. 나의 일상을 관리하고 기록해야 합니다. 기록이 중요한 이유죠.

다른 사람들과 대화를 많이 나누는 것도 정신 건강에 좋습니다. 사람들과의 대화는 서로의 생각을 이어줍니다. 다른 사람의 생각과 내 생각을 이어주는 과정에서 성장하게 되거든요. 대화의 과정에서 다른 사람을 알고 변화하는 것을 느낄 수 있습니다. 이 과정에서 자신도 성장하는 거죠. 대화는 다른 사람과 내 생각을 공유하고 덧대는 과정이기 때문입니다.

　독서를 하는 이유도 같습니다. 독서는 저자와 나의 끊임없는 대화거든요. 책을 읽으면서 저자의 생각에 내 생각을 덧대는 과정입니다. 이 과정에서 공부가 이루어집니다. 결국, 모든 것은 생각이 있어야 합니다. 생각이 빠진 대화는 앙꼬 없는 찐빵입니다. 속 빈 강정이죠. 나의 마음을 담은 생각은 다른 사람과 함께 성장할 수 있는 원동력입니다. 다른 사람과 생각을 나누면서 소통을 통해 공감이 이루어질 수 있습니다. 이 책에 담긴 이야기를 통해 당신이 꿈꾸고 있던 행복한 관계를 만들어가시기 바랍니다. 이 책이 나오기까지 도움을 주신 모든 분께 감사드립니다.

2024. 2. 22
날아라후니쌤 김태훈

프롤로그   005

1단계

메타인지로 진정한 '나' 발견하기

1. 지혜로운 사람은 이것부터 합니다   013

2. 아는 만큼 보인다는 사실을 알고 계신가요?   019

3. 메타인지로 나를 발견한다고요?   025

4. 내 삶의 주인공은 '나'라고요   032

5. '나 사용설명서'를 만들어 볼까요?   038

6. 인생은 꿈을 찾아 떠나는 여행입니다   045

2단계

독서와 기록으로 '진정한 나' 찾기

1. 공부를 게임하듯이 즐기는 방법은 없을까요?   055

2. 나를 알기 위한 기록은 이렇게 합니다   062

3. 책과 친해지고 싶다고요?   068

4. 문해력이 걱정되시나요?   075

5. 적자생존! 기록하면 삶이 달라집니다   081

6. 인류는 기록을 시작하면서 발전했습니다   088

7. 나의 일상은 가장 좋은 참고서입니다   095

3단계

나와 다른 사람과의 관계 확인하기

1. 조금씩, 꾸준함이 답이다   105

2. 루틴을 만들고 실행해보세요   111

3. 관계에도 메타인지가 필요합니다   117

4. 당신은 존중받아야 할 사람입니다   123

5. 경계를 넘으면 안전지대가 확장됩니다   129

6. 그댄 내게 소중한 사람입니다   135

7. 미래는 이렇게 준비해야 합니다   141

4단계

행복한 삶을 위한 방법 찾기

1. 나는 행복하다 고로 나는 존재한다   151

2. 생각을 바꾸면 인식이 달라집니다   157

3. 행복하려면 실천하세요   164

4. 처세술도 메타인지랍니다   170

5. 신경 쓰지 마세요   177

6. 상대방의 이야기를 들어보세요   183

7. 언젠가부터 라떼는 말이 되었다   189

5단계

공감 마케팅으로 행복 만들기

1. 공감 여행을 떠나요   203

2. 중요한 것은 나의 마음입니다   209

3. 좋은 사람 있으면 소개시켜 줘   215

4. 오늘 행복해야 하는 이유를 아시나요?   221

에필로그   229

메타인지로
진정한 '나'
발견하기

1.

지혜로운 사람은
이것부터 합니다

나를 브랜드로 만들어 볼까요?

직장인들에게 가장 큰 꿈은 무엇일까요? 빨리 경제적 자유를 얻는 거죠. 보란 듯이 사직서를 쓰고 자유를 꿈꾸게 됩니다. 쉬면서 자신을 위한 시간을 보내는 거죠. 자신에게 투자하는 시간을 보내기 위해 고민하게 됩니다. 우리는 자신을 소개할 때 직업을 위주로 설명하게 되는데요, 자신이 좋아하는 일로 자신을 설명해 보는 건 어떨까요?

제 주변에도 이미 경제적 자유를 얻고 일을 그만둔 분들도 계십니다. 어떻게 하면 '파이어족'이 될 수 있을까요? 그분들은 쉬는 기간에도 돈을 벌 수 있는 구조를 만들어 두었더라고요. 예를 들면 쇼핑몰을 운영하거나 책을 출판하는 것들도 포함합니다. 다양한 방법이 있죠.

직장에서 일할 때 급여만 생각하면 쉽게 지칩니다. 일 자체에서 의미를 찾아야 합니다. 일을 즐기면서 하는 거죠. 누가 시켜서 하는 일보다는 일 자체에서 의미를 찾는 것이 좋습니다. 자신의 가치를 발전시킬 수 있도록 승화시키는 것도 좋고요. 한 가지 일을 1만 시간 정도하게 되면 그 분야의 전문가가 됩니다. 이때 얻게 되는 만족감을 느끼는 것도 좋습니다.

내가 좋아하는 일로 나를 설명해 보세요. 자신을 브랜드화하는 겁니다. 저도 '날아라후니쌤'이라는 브랜드로 하나하나 만들어가고 있습니다. 나무를 한 그루씩 심어가면서 숲이 이루어지기를 바라고 있죠. 장기간 노력하다 보면 언젠가는 꿈이 이루어질 거라는 확신이 있습니다.

SNS 공간에서 조금씩 알아보는 분들이 생기기 시작했습니다. 하나에 집중하고 브랜드화한 것의 결실이 조금씩 생기고 있습니다. 사실 '학교폭력'이라는 주제는 유튜브나 다른 플랫폼에서 노출을 꺼리는 부정어입니다. 초반에 콘셉트를 잘못 잡았다고 얼마나 후회를 했는지 모릅니다. 그래도 꾸준히 진행하니 조금씩 바뀌더라고요. 구독자도 늘어나고 있고요. 그 감사함은 이루 말할 수 없습니다. 오늘 하루는 나를 브랜드로 만들 수 있는 무언가를 찾아보면 어떨까요?

지혜로운 사람은 이것부터 합니다

지식을 얻기 위한 방법은 여러 가지가 있습니다. 생활 속에서 자연적으로 얻어지는 지식도 있고요. 다른 사람과의 대화에서도 배울 것이 있습니다. 자연스럽게 얻을 수 있는 지식도 있죠. 깨달음을 얻어야하는 시간이 필요합니다. 조금 빠르게 지식을 얻으려면 어떻게 해야할까요? 보통 강의를 듣거나 책을 읽습니다. 비교적 검증되고 정확한방법이기도 하죠. 이때 자신만의 방식으로 생각하고 표현하는 '자기화'가 필요합니다. 나의 언어로 표현할 수 있어야 지식이거든요.

독서와 기록은 떼려야 뗄 수 없는 관계입니다. 지식은 무엇일까요? 책을 읽으면서 얻게 되는 지식을 나의 언어로 표현할 수 있어야합니다. 표현하기 위해서는 어떻게 해야 할까요? 강의를 듣거나 책을 읽으면서 해야 할 일이 있습니다. 바로 '생각'이죠. 생각의 과정을거쳐야 자기화가 됩니다. 자기화된 지식은 말로 이야기하거나 글로표현할 때 유용하게 활용되죠.

결국, 지식을 얻으려는 방법을 종합하면 언어영역입니다. 듣기, 읽기를 통해 정보를 얻죠. 생각을 통해 나의 지식으로 만들어집니다. 지식이 만들어졌다면 쓰거나 말하기를 해보면서 확인해봅니다. 이 과정에서 공부가 됩니다. 공부를 어렵게만 느꼈다면 차근차근 따라 해보세요. 공부하는 근육을 단련해야 모든 일이 쉽게 진행될 수 있습니다. 힘을 주고 진행해 보아야 나의 힘만 빠질 뿐이니까요.

책을 한 권 읽었다고 해서 문해력이 갑자기 해소되지는 않습니다. 조금씩 노력하다 보면 어느 순간 지혜로운 사람으로 거듭나는 거죠. 누적된 지식은 지혜가 됩니다. 지식을 삶에 활용되면 지혜가 되니까요. 지혜는 갑자기 활용되기 어렵습니다. 지식은 누적된 경험이 모여서 한 단계씩 상승하기 때문입니다. 지식과 문해력은 계단식으로 증가하거든요. 여러 가지 경험이 누적되면 조금씩 성장합니다.

공부할 때 너무 힘을 주면 안 됩니다. 어떤 것이든 비워야 채울 수 있죠? 조금은 여유를 가지고 새로운 정보를 받아들여야 합니다. 내 생각으로 새로운 정보를 해석해 봅니다. 이 과정은 책을 읽을 때 메시지를 찾고 키워드를 조합하는 과정입니다. 강의를 들을 때도 같은 방법으로 적용해 보세요. 처음에는 어려울 수 있는데요. 반복이 답입니다. 반복된 경험을 통해 쉽게 지식을 습득할 수 있습니다.

나는 어떤 사람인가?

'나는 누구인가?'를 끊임없이 외치는 사람은 메타인지 능력이 뛰어난 사람입니다. 자신을 객관적으로 바라볼 수 있는 시각을 가지고 있죠. 자신을 바라볼 때 누군가의 시선으로 바라보면 성공할 확률이 높아집니다. 나를 위주로 나를 평가하는 것이 아니라 다른 사람의 시각으로 바라보게 되니까요.

강의를 진행할 때 내가 준비한 프레젠테이션을 전달하는 데 초점을 맞추게 됩니다. 자신감이 조금씩 높아지면 어떻게 변화하는지 알아볼까요? 청중의 시각에서 필요한 것은 어떤 것인지, 어떤 감동을 줄 것인지, 어떻게 메시지를 전달할 것인지에 관한 고민을 하게 됩니다.

다른 사람들이 나의 강의를 들을 때를 생각해볼게요. 지식만을 전달받으려고 하는 것은 아닙니다. 지식 전달과 더불어 메시지가 있어야 합니다. 마음의 울림이 있어야 하는 거죠. 울림은 깨우침이 됩니다. 다시 말해 강의를 들으면서 '무언가 남는 것'이 있어야 합니다. 강의를 준비한다면 어떠한 것들을 준비해야 하는지를 파악해야 합니다.

저는 학교에서 교사의 역할을 하는 본캐릭터가 있고요. 퍼스널 브랜딩을 통해 '날아라후니쌤'이라는 부캐릭터로 활동하고 있습니다. 한 사람인데 일을 하다 보니 두 개의 영역으로 구분되어 생활하게 되더라고요. 물론 본캐릭터와 부캐릭터가 함께 성장해나가게 됩니다.

이전까지는 본캐릭터와 부캐릭터가 같은 콘셉트였는데요. 이번에 학교를 이동하다 보니 다른 업무를 맡게 되었습니다. 캐릭터가 달라진 거죠. 이제는 두 가지 일을 하게 됩니다. 본캐릭터와 부캐릭터가 서로 다른 영역을 준비하고 행동하게 됩니다. 가끔은 두 가지의 캐릭터가 서로 달라서 느끼는 부담감도 있습니다. 서로를 잘 조율하면서 성장하기 위해 노력하고 있습니다. 두 캐릭터가 언젠가 다시 하나로 합쳐질 수도 있겠죠?

2.

아는 만큼 보인다는 사실을
알고 계신가요?

시간 관리는 나를 브랜드로 만들어 줍니다

성장하는 데 필요한 것은 어떤 것이 있을까요? 자신의 능력을 계 발하기 위한 시간도 투자해야 하고요. 어떤 일을 오랫동안 준비하고 실행하면서 생긴 비법을 정리할 시간도 필요합니다. 성장에 필요한 요건 중 어떤 것이 중요할까요? 중요한 것 순으로 준비하면 시간도 절약되잖아요? 성장에 필요한 것은 시간입니다. 자신에게 주어진 시 간을 어떻게 관리하느냐가 가장 중요하다고 할 수 있어요.

모두에게 24시간은 똑같이 주어집니다. 나에게 주어진 시간을 어 떻게 하면 효율적으로 활용할 수 있을까요? 자신만의 시간을 확보하 고 실행하면 조금씩 성장할 수 있습니다. 하루 중 언제가 가장 좋을까요? 저는 아침 시간을 추천합니다. 그중에서도 새벽 시간을 활용하면 더욱 좋습니다. 그 시간은 누구에게도 방해받지 않을 수 있거든요. 물론 언제나 예외는 존재합니다. 급한 사정이 있는 경우겠지만요.

'미라클 모닝'을 실천하면서 삶이 달라졌다는 이야기를 하는 사람들이 많습니다. 아침에 일찍 일어나는 것 하나만으로는 성장하지 못합니다. 루틴이 필요합니다. 같은 시간에 같은 일을 계속 진행하면 조금씩 성장합니다. 대나무가 성장하기 위해 뿌리를 깊게 내리는 작업을 하는 것처럼 말입니다. 땅 위에서 자라는 부분은 잘 드러나지 않지만, 뿌리의 성장이 끝난 이후는 눈에 보일 정도로 성장이 빠릅니다. 조금씩 내공을 쌓아야 성장할 수 있는 원동력이 됩니다.

삶의 초점을 어디에 두느냐에 따라 보는 관점이 달라집니다. '직장에 내 삶을 몰방하고 얽매여 살아갈 것인가? 일과 삶의 균형을 추구할 것인가? 하는 생각이죠. 요즘 '조용한 퇴직'이라는 말도 나오고 있습니다. 회사에서 맡은 일만 하는 거죠. 정해진 퇴근 시간이 되면 바로 퇴근을 합니다. 정해진 시간과 나의 업무만 일합니다. 그 외의 시간은 자신의 발전을 위해 투자합니다. 워라밸이 강조되는 시기입니다.

우리는 자본주의 사회에 살아가고 있습니다. 경제활동을 한다면 노동자와 경영자 중 하나에는 속해 있어야 합니다. 나의 삶 속에서 어떤 상황에 있어야 경제적 자유를 얻을 수 있을지에 관한 고민이 필요한 시점입니다. 나의 삶은 송두리째 바치고 없는 상태라고 생각해 보세요. 직장에서 일하고 받은 월급으로 나를 위해 막상 할 수 있는 일이 없다면 여러분은 어떻게 하시겠습니까? 나의 삶의 초점은 어디에 맞출 것인지 고민해 보는 것도 좋겠네요.

거울로 나를 바라보면 어떻게 보이나요?

삶을 살아가다 보면 선택해야 할 때가 있습니다. 어떤 것을 선택하느냐에 따라 인생이 달라지기도 합니다. '그래 결심했어.'로 시작하는 인생극장처럼요. 순간의 선택으로 평생이 달라지기도 하죠. '그때 이 길이 아니라 다른 길을 가야 했는데.'라는 후회를 하기도 합니다.

결정이 필요한 순간에 고민하기도 합니다. 내면의 자아가 고민하게 되죠. 어떻게 하는 것이 좋은 결정일지에 관한 고민이요. 결정할 때 꼭 필요한 요건을 아시나요? 나에 관하여 정확히 파악하는 힘이죠? '메타인지'가 필요합니다. 나를 객관적으로 살펴보는 힘을 길러야 합니다.

더닝 크루거 효과를 아시나요? 많은 사람이 자신을 객관적으로 본다고 생각합니다. 막상 확인해보면 그렇지 못한 경우가 더 많습니다. 자신을 과대평가하는 경우가 더 많거든요. 희망 사항임에도 불구하고 현재 그렇다고 믿기도 합니다. 메타인지를 키우면 이런 상황에 객관적으로 판단하는 능력이 발달합니다. 메타인지는 살아가면서 난관을 만났을 때 유용하게 활용할 수 있습니다. 결정하기 어려운 상황일 때 지혜롭게 헤쳐나갈 수 있게 도와줍니다. 나의 삶을 누가 대신해주지는 않잖아요?

나를 객관적으로 바라보는 방법은 어떤 것이 있을까요? 많은 방법이 있지만, 그중에서도 독서를 해야 합니다. 많은 사람의 진솔한 이야기를 통해 자신을 되돌아보는 시간을 가지는 거죠. 같은 분야의 책을 여러 권 읽으면 생각의 영역이 확장됩니다. 조금씩 성장하죠. 눈에 띄지는 않지만, 시간이 흐르면 점차 객관적인 시각으로 바라보는 힘이 생기게 됩니다.

삶의 갈림길에 서면 우리는 어느 쪽이든 결정을 합니다. 그리고 그 결정이 성공에 이르도록 노력해야 합니다. 마음속 깊은 곳에서 우러나오는 생각이 될 수 있도록 내공을 다져야 하죠. '나는 누구인가?'를 생각해보고 어떻게 살아가야 하는지에 관한 고민이 필요한 시점입니다. 진정한 나다움을 찾기 위해 하루하루를 살아가야 하는 이유입니다.

아는 만큼 보인다는 사실을 알고 계신가요?

'아는 만큼 보인다.'라는 이야기가 있습니다. 같은 상황을 보더라도 해석하는 것이 다릅니다. 사람들의 인지구조가 다르기 때문이죠. 경험이 많은 사람들은 어떻게 생각하고 행동하는지 관찰하고 확인해 보세요. 어떠한 이유에서 이렇게 행동하는지도 생각해 볼 필요가 있습니다. 나에 관하여 정확히 알면 상황에 대처하는 능력이 향상될 수 있습니다.

인식과 의식의 의미를 살펴볼까요? 인식이란 사물을 분별하고 판단하는 것을 말합니다. 의식은 자신이나 사물에 대하여 인식하는 작용을 말하죠. 인식과 의식은 같은 의미인 듯하지만 미묘한 차이가 있어요. '나는 어떤 사람인가?'라는 물음에 답하는 방법은 인식과 의식에 달려 있습니다. 나를 인식하고 의식할 수 있는 능력을 활용해야 합니다.

나는 어떤 사람인지 정확히 알기 위해서는 메타인지 능력이 뛰어나야 합니다. 자신을 최대한 객관적으로 바라보는 힘이 있어야 하는 거죠. 조금 전에도 '아는 만큼 보인다.'라고 말씀드렸잖아요? 메타인지 능력이 뛰어난 사람들은 통찰력도 있습니다. 사물을 꿰뚫어 보는 능력이 있는 거죠.

책을 읽고 나서 내용을 정리할 때 어떻게 하나요? 장황하게 이것 저것 늘어놓는 방법도 있습니다. 기억에 오래 남으려면 어떻게 하는 것이 좋을까요? 바로 인상 깊은 한 문장만 정리해두는 것입니다. 함축한 단어로 이루어진 문장을 보면 책의 내용이 모두 생각날 수 있습니다. '압축'의 힘이죠.

내가 누구인지 알고 싶으신가요? 삶을 살아가면서 '나는 누구인가?'를 끊임없이 생각해보아야 합니다. 삶의 이정표를 만들어 두는 거죠. 어려운 문제가 생기더라도 방향성만 설정해 두면 쉽게 해결할 수 있습니다. 처음엔 힘들지만, 하루하루 노력해 보세요. 세상을 직관하는 통찰력은 '나는 누구인가?'로 시작해서 인식하고 의식하는 과정을 통해 생겨난답니다.

3.

메타인지로
나를 발견한다고요?

메타인지가 필요한 이유는 무엇일까요?

주변에 삼척동자들이 있으신가요? 사전적 의미의 삼척동자란 철이 없는 아이를 이야기합니다. 다른 해석은 있는 척, 잘난 척, 아는 척하는 사람을 말하기도 하고요. 어찌 보면 가까이하기 어려운 존재이기도 하죠. 무언가 도와주려고 하다가도 주저하게 되고요. 누군가를 도와주려고 하는 경우를 생각해볼까요? 나랑 비슷하거나 무언가 부족함이 느껴질 때가 아닐까요?

부서의 부장으로 몇 년째 일하던 때입니다. 해당하는 업무를 한 번도 해보지 않은 분이 들어왔습니다. 업무에 관하여 조금 설명을 해주면 "모두 이해했다."라고 이야기합니다. 업무와 관련한 이야기가 끝나지도 않았는데 "다 알고 있다."라고 이야기를 하더라고요. 그런 줄 알았죠. 그런데 문서 결재 올라오는 걸 보니 '당했구나.' 싶었어요. 틀린 내용 천지라 어디부터 어떻게 설명해야 할지 모르겠더라고요. 결국, 직접 하나하나 고쳤습니다. 스스로 결재를 하고 말았죠.

완벽주의를 추구하는 사람들이 빠지는 함정이 있습니다. 잘 모르면서 자신은 잘 알고 있다고 생각하는 거죠. 어떤 주제에 관해 내가 모르는 것을 알아야 합니다. 거기에 아는 내용은 어디까지 알고 있는지 파악해야 하잖아요? '메타인지'가 필요한 이유입니다. 일할 때도 마찬가지입니다. 내가 안다고 생각하지만, 모르는 경우가 많아요. 사람들은 용어를 몇 번 들어보면 익숙해집니다. 익숙한 용어를 들으면 잘 안다고 착각을 하게 되거든요. 익숙함과 알고 있는건 다르거든요.

자신을 객관적으로 파악하기는 쉽지 않습니다. 내가 어느 정도 위치에 있는지 스스로 파악해야 하니까요. 그렇다고 해도 조금이라도 빨리 파악할 수 있도록 노력해야 합니다. 어느 순간이 지나면 주변의 사람들도 포기해버리거든요. 한두 번이야 나의 잘못을 이야기해 주지만 더 지속하면 조언해 주지 않습니다. 관계가 틀어질 수 있거든요. 사람들 간의 관계까지 망치고 싶지 않은 겁니다.

심리학에서 이야기하는 '소박한 실재론'을 살펴볼까요? 자신은 세상을 객관적으로 보고 있다는 것을 이야기합니다. 나의 경험과 현실이 다르지 않다고 믿는 거죠. 세상을 잘못 해석하면 실제와는 다른 결과를 얻을 수 있습니다. 사람들 사이에 오해가 생기면 관계는 더 안 좋아질 수 있거든요. 사회는 나와 다른 사람이 모여 만들어갑니다. 내가 다른 사람의 상황을 변화시키고 있지는 않은지 생각해 볼 필요가 있어요.

메타인지로 나를 발견한다고요?

삶이 어려우신가요? 즐기면서 살아가면 좋을 텐데 말입니다. 마냥 즐기기에는 어려움이 있게 마련입니다. 경제적으로 풍요롭다면 눈치 보지 않고 즐길 수도 있겠지요. 돈을 펑펑 써도 계속해서 솟아 나온다면 말이죠. 전세계적 재벌인 만수르 같은 사람 말입니다. 이자의 이자가 불어나서 빨리 쓰는 방법을 찾아보는 꿈을 꿔봅니다. 쉽지는 않겠지만 말이죠.

우리는 어떻게 성공할 수 있을지에 관한 고민을 합니다. 길을 가다 로또 한 장 사고 '1등 하면 어떻게 할까?'를 고민하기도 하죠. 로또가 맞을지 안 맞을지도 모르는데 김칫국부터 마십니다. 아니 안 맞는다고 봐야 하는데 말이죠. 확률상으로 말입니다. 그런데 미리 고민해 보는 것이 좋아요. 어떻게 쓸지도 구상을 해두어야 합니다. 꼭 써야 할 곳에 빠지지 않고 쓸 수 있도록 말이죠.

무엇이든 계획이 중요합니다. 그림을 그릴 때를 생각해볼까요? 먼저 밑그림이라도 그려두어야 합니다. 그러면 어렵지 않게 그림을 그릴 수 있어요. 아무것도 없는 도화지 상태라면 무엇을 해야 할지 막막하기도 하고요. 의도한 방향과는 전혀 다른 결과물이 나올 수도 있거든요. 조금씩이라도 구상해 보고 계획을 세워보는 것이 좋습니다. 현실로 마주하면 당황하지 않고 바로 대처할 수 있어요. 경험이 중요한 이유입니다.

누군가에게 필요한 사람이 된다는 것은 어떤 의미일까요? 나의 행동이 다른 사람에게 도움이 된다는 것 아닐까요? 내가 가진 능력이 쓰임새가 있다는 것으로 해석해도 되지 않을까요? 다른 사람들에게 도움을 줄 만한 아이템을 조금씩 준비해 보는 겁니다. 하루에 몇 개씩 나누어줄 무언가를 준비해 보는 것도 좋겠어요. 모두 주는 것이 아니라 무작위로 받을 수 있게 말이죠.

사람들은 이타성을 바탕으로 살아갑니다. 나 자신을 위한 것도 중요하죠. 나다움을 먼저 찾아야 이타성을 찾기도 쉽습니다. 내가 도울 수 있는 것을 찾게 되니까요. 내가 잘하는 것, 흥미를 느낀 것, 자신 있는 것 등은 잘 정리해두세요. 언젠가 필요한 누군가가 나타날 거예요. 설명해 주고, 도와주면서 잘 전달해 주면 좋은 결과가 있을 겁니다. 누군가에게 필요한 사람이 될 테니까요.

삶을 생각하려면 이것도 생각해야 합니다

기온이 낮은 겨울철이 되면 주변에 부고 소식을 많이 접하게 됩니다. 건강하시던 분이 갑자기 생을 달리하는 경우도 많이 보게 됩니다. 갑작스러운 기온의 변화로 생을 마감하시는 분들도 계시거든요. 갑자기 이런 생각이 들었어요. 삶에 관한 생각이요. '어떻게 살아야 잘 살아가는 걸까?', '어떻게 풀어가는 것이 좋을까?' 생각해 봤거든요. 이때 '역발상'이라는 단어가 떠올랐어요.

역발상은 일반적인 생각과 반대되는 생각을 말합니다. 반대로 생각해보는 거죠. 쉽게 이야기해 볼까요? 삶을 이야기하면서 죽음을 먼저 생각해보는 겁니다. 조금 무거운 주제가 될 수도 있겠네요. 죽음을 먼저 이야기하면서 삶을 어떻게 살아가는 것이 좋을지에 관한 고민을 해보는 겁니다. 삶에 관하여 막연하게 생각해보는 것도 좋지만 더 엄숙하고 진지하게 접근할 수 있게 되죠.

모든 사람은 죽음을 맞이합니다. 흔히 이런 말도 하잖아요? 세상에 오는 데는 순서가 있어도 가는 데는 순서가 없다고 말입니다. 사람들은 언제 어떻게 생을 마감할지 모릅니다. 어떤 죽음을 맞이할지 아무도 모르죠. 죽음도 미리 준비해 둘 필요가 있습니다. 사고로 갑자기 생을 마감하게 된다면 어떻게 될까요? 남아있는 가족들도 준비할 시간이 필요하니까요.

죽음에 관하여 생각해보셨나요? 죽음에 관하여 생각하는 것만으로도 이런 이야기도 합니다. 우울증이 온 건 아니냐? 괜찮냐? 요즘 무슨 일이 있냐? 라고 말이죠. 자살을 이야기하는 것이 아닙니다. 죽음에 관하여 진지하고 생각해보았는지를 물어보는 거죠. 미리 준비하는 것과 그렇지 못한 것에는 차이가 있습니다. 어떤 일이든 미리 생각해보고 준비해두는 것이 필요하죠.

나에 관하여 생각해 볼 때 진지하게 죽음에 관하여 생각해보는 것도 좋습니다. 삶을 마감하겠다는 것이 아니라 내가 어떤 방향성을 가지고 살아가야 할지를 고민해 보는 거죠. 진지하게 준비하는 겁니다. 미리 준비하지 않고 잘 살아야겠다는 막연한 생각을 가지고 살아가는 건 아닐까 생각해 봅니다. 죽음이라는 단어가 그리 밝은 기운을 가져다주지는 않습니다. 새로운 희망을 가져다줄 수 있는 무언가는 되지 않을까 하는 생각을 해봅니다. 삶을 살아가면서 살아 있음에 감사할 수 있으니까요.

4.

내 삶의 주인공은
'나'라고요

롤 모델을 찾아서 떠나볼까요?

진정한 나다움은 어떻게 표현할 수 있을까요? 내 삶의 변곡점은 어떤 것이 있을지도 생각해 보아야 합니다. 나를 지금 이 자리까지 올 수 있도록 만든 계기를 찾아보기도 하고요. 이 일을 하기까지 나에 관하여 생각해보세요.

항상 자신을 가꾸어 주어야 합니다. 가꾼다는 것이 계획을 세우고 나를 혹사한다는 이야기는 아닙니다. 조금씩 나를 사랑해 주고 보듬어 줄 필요가 있다는 것이죠. 자기애에 사로잡혀 다른 일은 하지 못하는 상태도 아닙니다. 사람들은 다른 사람과 어우러져서 살아갈 필요가 있으니까요.

그렇다면 어떻게 살아가야 진정한 나다움을 표현할 수 있을까요? 내 삶의 주인공은 내가 되어야 합니다. 한 사람을 롤 모델로 삼아 두고 '그 사람이라면 어떻게 했을까?'를 생각하는 것도 하나의 방법이기도 합니다. 물론 다른 사람의 의견보다 자신의 선택이 가장 중요합니다.

사람들과 함께 살아간다는 것은 쉽지 않은 일입니다. 관계가 가장 어렵다는 말도 하잖아요. 내 생각과 다른 생각을 만나서 하나의 합의점을 도출하는 일이 쉬운 일인가요? 소크라테스의 문답법 알고 계시죠? 다른 사람들과 대화를 주고받으면서 지식도 얻을 수 있어요. 대화를 통해 의견을 주고받는 과정에서 깨달음을 얻는 거죠. 분명한 것은 다른 사람의 생각이 나와 다르다고 해서 틀린 것은 아니라는 것입니다.

내 생각이 항상 옳지는 않습니다. 다만 나다움을 추구하는 과정에서 나의 소신을 믿어야 하는 거죠. 자신을 믿고 다른 사람을 지지하면서 관계가 유지되어 가야 합니다. 사회는 함께 살아가야 하니까요. 진정한 나다움은 자신을 사랑하는 것에서 출발한다는 것, 잊지 마세요. 나부터 나를 믿어야 다른 사람이 나를 믿어주지 않을까요? 그러려면 내가 어떤 상태인지를 먼저 알아야 해요. 메타인지가 필요한 이유죠. 나를 정확히 알고 진정한 나다움에 관하여 생각해보면 좋겠습니다.

다른 사람을 의식하지 마세요

내일 어떤 일이 일어날지는 아무도 모릅니다. 미래를 예지할 수 있는 사람은 아무도 없기 때문이죠. 예언가나 점술가들도 미래의 어떤 일에 관한 방향성만 제시할 뿐입니다. 오늘을 살아가면서 기쁜 일이나 슬픈 일이 있을지도 모릅니다. 문제는 자신의 선택인 거죠. 행복하게 살아가려면 어떻게 해야 할까요? 항상 긍정적인 생각을 하다 보면 밝은 미래를 맞이할 수 있습니다.

감정을 표현하는 것도 자신의 선택입니다. 어떤 상황에 관한 반응을 표현할 때가 있습니다. 사람들은 다른 사람의 반응을 보고 비슷하게 따라 하기도 합니다. 그럴 때도 결국 자신이 선택으로 표현하게 되는 겁니다. 불안함, 우울함, 기쁨, 환호 등등 모두 스스로 선택하고 표현하는 겁니다. 행복하게 살아가는 방법은 어떤 것이 있을까요?

사람들이 행복하게 사는 것도 스스로 선택하는 거잖아요? 자신의 마음가짐이 중요합니다. 자신이 어떤 방식으로 살아갈 수 있을지에 관한 고민을 해보아야 하는 이유죠. 삶을 살아가면서 어려움이 있다면 어떻게 헤쳐 나갈지에 관한 고민도 필요합니다. 이런 고민을 해결하면서 성숙하고 성장하게 되는 거죠.

다른 사람과 같은 옷을 입고 출근한 적이 있으신가요? 커플도 아닌데 말입니다. 이런 상황은 상상만 해도 서로 불편합니다. 서로 친하지도 않은 남녀가 같은 옷을 입고 있다면 어떤가요? 정말 어색한 상황입니다. 이럴 때도 마음먹기에 달렸어요. 다른 사람을 의식하지 않으면 되거든요. 물론 쉽지는 않습니다.

진정한 '나다움'을 표현하려면 어떻게 해야 할까요? 다른 사람을 의식하지 않고 살아가야 합니다. 사람들은 사회를 이루고 살고 있잖아요? 그러므로 더더욱 쉽지 않습니다. 어떻게 하면 다른 사람을 의식하지 않고 살아갈 수 있을까요? 긍정적인 생각을 하고 행동으로 옮기는 자세가 필요합니다. 모든 것을 긍정적으로 생각을 해보려고 노력해야 합니다.

내 삶의 주인공은 '나'라고요

몰입이란 어떤 일에 깊이 몰두한 상태를 이야기합니다. 한 가지 일에 몰입하게 되면 함정에 빠지게 될 수도 있습니다. '집착'을 하게 되는 건데요. 집착은 어떤 것에 마음을 쓰고 심지어 매달리기까지 합니다. 끌려다니는 거죠. 다시 말해 몰입은 자신이 주관적으로 선택하고 행동합니다. 집착은 자신이 주관자가 되지 못하는 겁니다.

나다운 삶을 살기 위한 첫 번째 방법은 무엇일까요? 자신이 삶의 주관자가 되어야 합니다. 이리저리 끌려다니는 것이 아니죠. 우리는 때로 필요 없는 것에 집착하기도 합니다. 미련이 남아서 그렇기도 하고요. 조금만 더 하면 될 것 같기도 합니다. 항상 딜레마죠. 내가 왜 그 일에 왜 집착을 하는지 정확한 판단이 되면 몰입하는 데 도움이 됩니다.

물이 끓기를 기다리면서 열을 가하지 않으면 끓어오르지 않습니다. '몰입하냐? 하지 않느냐?'도 중요한 결정요인입니다. 일하면서 우선순위를 결정해야 할 때도 있고요. 자격증 시험공부를 하면서 다른 일에 신경을 쓰게 되는 때도 있어요. 어떠한 상황이라도 내가 주도적으로 해야 하는 일을 선택해서 몰입할 수 있어야 합니다.

내 삶의 주관자가 되려면 어떻게 해야 할까요? 가장 쉬운 것부터 실천해보세요. 아침에 하루의 일과를 계획을 세워봅니다. 하나하나 실행하면서 점검해 보고요. 혹시 부족한 점이 있다면 보완할 방법을 찾아 메모해 보세요. 하루하루 지나면서 능력이 향상됩니다. 처음에 눈에 보이지는 않아요. 1달이 지나고 1년이 지나면 실력으로 나타날 겁니다. 실행하는 사람만이 결과를 알 수 있죠. 꾸준함이 답이에요. 무조건 실행하세요.

어떤 일에 집착하고 있는지 점검해 볼 필요도 있습니다. 내가 하지 않아도 되는 일을 하는 것은 아닌지도 말이죠. 혹시 필요하지 않은 일에 집착하고 있다는 생각이 들면 잠깐 멈추고 생각해보세요. 누군가에 끌려다니는 것은 아닌지 생각해보는 겁니다. 내가 내 삶의 주관자라고 생각하고 행동할 수 있도록 말이죠. '내 삶의 주인공은 나'라는 것, 잊지 마시고요.

5.

'나 사용설명서'를
만들어 볼까요?

MBTI는 재미로 보세요

제 MBTI가 20년째 ISTJ이거든요. 성격이 변하나 했는데 검사해
보면 '역시나~!'더라고요. 성격은 기질이라고도 하죠? 성격은 보통 5
세 이전에 형성되기 때문에 바꾸기 어렵다고 하네요. 연말이나 연초
에는 각종 모임이 많이 있습니다. '이 모임도 참석해야 하나?' 하는
생각을 하기도 해요. 많은 사람과 만나면 힘들어지기도 합니다.

I 성향의 사람이 E 성향으로 바뀐 것처럼 보이는 경우가 있습니다.
성격이 바뀐 것처럼 보이는 거죠. 김경일 교수님의 강의에서 들은 이
야기예요. 나이가 들어가면서 사회성이 발달합니다. 조금씩 대처하
는 능력이 향상되는 거죠. 절대 성격이 바뀐 것이 아니에요. 모든 사

람은 성장하게 됩니다. 시간이 흐르고 성숙하면서 부족한 능력을 보완하고 살아가게 되죠. 사람들 간의 관계에 대한 대처도 조금씩 발전하게 되는 겁니다.

저는 혼자 있으면 더 편합니다. 물론 여행을 갈 때는 가족이나 친한 1~2명만 있는 게 좋습니다. 거리를 나설 때도 너무 많은 사람이 있는 곳은 가지 않습니다. 어지간한 마음을 먹지 않으면 많은 사람이 몰리는 축제도 가려는 것을 꺼립니다. 혼자 있으면서 에너지를 얻게 되니까요.

저만 이런 줄 알았는데 MBTI를 보니 I 성향의 사람들이 이런 거였더군요. 주변에 I 성향의 사람들이 많더라고요. 재미로 검사해 보는 거지만 주변 사람들과 함께 이야기할 수 있는 소재 거리가 있어서 얼마나 감사한지 몰라요. I 성향의 사람들이 이렇다는 걸 20년 전에 MBTI 검사할 때는 왜 몰랐을까요? 검사 결과 '세상의 소금형'이라고 표현된 것만 기억해요.

제가 20년째 ISTJ라고 했죠? MBTI는 지난 3년간 살아온 방식에 관한 평가를 받는 것이라고 해요. 물론 같은 ISTJ라도 사람에 따라 조금씩 다릅니다. 모든 사람을 16가지 형식에 넣는 것이 불가능하기도 합니다. 사람들의 환경이 다르고 문화가 다른데 어떻게 16가지로 모두 구분을 하나요? MBTI는 재미로 보세요. 너무 의존하다가는 사람들과의 관계도 틀어질 수 있습니다.

'나다움'과 '행복'은 연결됩니다

혹시 '자퇴 브이로그' 영상 보신 적 있으신가요? 학생들이 많이 보는 영상입니다. 스스로 미래를 설계하고 자퇴를 하는 영상입니다. 유행처럼 번지고 있어요. 미래를 미처 준비하지 못한 학생들도 학교를 떠나는 것은 아닌지 걱정스럽기까지 합니다. 한쪽으로는 약간 부럽기도 합니다. 일을 그만두고 싶어도 그만두지 못하는 현실이 안타깝기도 하고요. 내가 하는 일이 마음에 들지 않을 때는 어떻게 하시나요?

여러분은 지금 하는 일에 만족하시나요? 만족한다면 다행입니다. 일에 만족하지 못한다면 원인을 생각해보셨나요? 혹시 어쩌다 보니 지금의 직업을 갖게 되셨나요? 다른 분야로 진출한다면 어떤 분야를 생각하시나요? 계속 질문만 하게 되네요. 조금 전에 드린 질문에 대한 답은 모두 할 수 있어야 합니다. 결국 '나다움'과 '행복'은 연결되거든요. 내가 얼마나 만족하고 있고, 어떤 분야에 관심이 많은지 정확히 파악해야 해요.

사람마다 관심 분야가 다릅니다. 몰입도도 다를 수밖에요. 집중해서 일할 수 있는 시간도 역시 다를 수밖에 없습니다. 일에 익숙해지면 시간을 압축해서 사용하게 되거든요. 〈생활의 달인〉 시청해 보셨죠? 달인의 영역으로 넘어가면 자로 재거나 저울에 올려보지 않아도 정확한 치수와 중량을 계산할 수 있습니다. 일하고 있는 분야에 재능이 있다면 더욱 발전할 수 있죠.

혹시 지금 하는 일을 그만두고 싶으신가요? 최근 '조용한 퇴사'라는 말도 생겨났습니다. 회사에서 맡은 일만 하고 그 외의 시간에는 자신을 위한 투자를 합니다. 업무 외적인 시간까지 회사에 얽히는 것을 피하는 거죠. 자신에게 투자하면서 만족감을 얻습니다. 더 발전시켜 다른 업종으로 이직을 하기도 하죠. 다양한 일을 시도해 보면서 자신의 적성을 찾아보는 겁니다.

갑자기 일을 그만두는 것에 망설여진다고요? 그럼 다른 업무를 해보세요. 같은 직렬이라고 하더라도 다른 업무는 많이 있습니다. 직장에서 모든 일을 한 사람이 할 수 없거든요. 영역별로 쪼개서 담당하게 되는 거고요. 내가 지금 하는 일이 나와 맞지 않을 수도 있습니다. 내가 관심이 없는 분야이기도 하고요. 분야에 따라 생소한 용어를 사용하기도 합니다. 조금씩 자신에게 맞는 분야를 찾아보세요. 숨겨진 재능을 찾을 수도 있답니다.

'나 사용설명서'를 만들어 볼까요?

우리는 나다움을 찾아야 합니다. 나를 먼저 알아야 다른 사람도 생각할 수 있습니다. 내가 좋아하는 것은 무엇인지, 어떤 꿈을 꾸고 있는지에 관한 진지한 고민이 필요합니다. 어떻게 하면 이타성을 발휘할 수 있을지를 생각해 볼 수 있기 때문이죠. 나에 관하여 생각만 해보면 뒤죽박죽 정리가 되지 않습니다. 이럴 때는 기록을 할 필요가 있어요. 나에 관한 글쓰기를 할 때 가장 먼저 해야 할 것은 무엇일까요?

첫 번째는 내가 좋아하는 것과 싫어하는 기준을 만들어야 합니다. 조금 전에 이야기한 것처럼 내가 좋아하는 것과 싫어하는 것을 누구나 알 수 있도록 기록해두는 것이 필요합니다. 남들에게 보여주는 것이 아니고요. 정리하고 기록하는 과정에서 내가 진짜 좋아하는 것과 싫어하는 것을 알게 됩니다. 좋아하는 것과 싫어하는 것의 기준은 무엇인지, 왜 그런 생각을 하게 되었는지도 함께 고민해 볼 필요가 있어요.

두 번째는 사람들과의 관계를 생각해보아야 합니다. 나의 주변에는 사람들이 있습니다. 사람들과 어우러져서 살아가야 합니다. 이타성을 실현하려는 방법이기도 하죠. 주변에는 가족들이 있습니다. 가족을 어떻게 챙길 것인지에 관한 고민이 필요해요. 주변에는 친한 정도의 차이가 있습니다. 친구들도 있고, 일하면서 만나는 사람도 있고요. 이 사람들과 어떻게 지낼 것인지에 관해 생각해 볼 필요도 있습니다.

세 번째는 꿈을 생각해보아야 합니다. 어떤 목적을 가지고 살아가는지 진지한 고민이 필요합니다. 이 과정에서 삶의 목표가 생기거든요. 어떤 자격증을 취득할 것인지, 어떤 글을 쓸 것인지, 어떤 직업을 가지고 싶은지 등등의 모든 일을 계획하는 힘이 생깁니다. 내가 진짜 원하는 것은 무엇인지 큰 그림을 그릴 수 있어요. 다양한 각도에서 생각해보고 구상하다 보면 나에 관하여 조금 더 알 수 있고요.

정리해서 말씀드릴게요. 메타인지를 발휘하는 데 필요한 작업이에요. 나에 관한 사용설명서를 만들어 두세요. 이때 주변 사람들에게 알려도 좋습니다. 내가 알지 못하는 정보를 얻게 되기도 하거든요. 마음이 허락하지 않으면 나만 알고 있어도 됩니다. 나에 관하여 생각해보고 기록하면서 나에 관하여 알게 되거든요. 흩어져 있던 나의 정보들이 모이게 됩니다. 이 과정에서 구체화하여 있지 않은 것들의 윤

곽이 잡히거든요. 뚜렷하게 자신의 색을 찾을 수도 있습니다. 다양한 각도에서 생각해보고 기록해야 하는 이유입니다. 기록을 통해 자신에 관한 진지한 고민이 필요합니다.

6.

인생은 꿈을 찾아
떠나는 여행입니다

내 안의 잠재성은 어떻게 깨우죠?

사람들은 자신이 모르는 잠재적인 능력을 찾기 위해 많은 노력을 합니다. 진정한 나다움을 찾는 것은 어떤 것일까요? 내가 좋아하거나 싫어하는 것은 무엇인지를 이야기할 수 있으면 되는 걸까요? 내가 가지고 있는 잠재성을 어떻게 하면 꺼내 볼 수 있을까요? 내가 할 수 있는 일을 끊임없이 찾고 꾸준한 노력이 있으면 가능한 일입니다.

내가 정말로 잘할 수 있는 것에 관한 질문을 나에게 해봅니다. 자신에게 필요한 것은 무엇인지도 생각해보고요. 다른 사람을 위해 도울 방법은 없을지도 찾아봅니다. 진정한 삶은 이타성을 통해서 확인되니까요. 남을 돕는 행동이 결국은 자신을 돕는 결과를 가지고 오게 됩니다. 남을 생각하다 보면 내가 발전하게 되는 선순환 구조입니다.

어떤 일을 꾸준하게 해서 고수가 된다는 것은 쉽지 않습니다. 우리나라 안에서만 따져봐도 엄청난 내공을 가진 사람들이 많으니까요. 이 분야의 고수가 되겠다는 생각을 가지고 하루하루를 준비해 보세요. 언젠가 그 일을 담당하고 이용하는 사람을 넘어 정책을 만들고 계획을 세우는 단계까지 올라가게 될 수도 있습니다. 모든 사람은 성장하니까요.

성장은 눈에 보이지 않습니다. 지금 당장 눈에 보이는 결과가 없다고요? 그렇다고 좌절할 필요도 없습니다. 언젠가는 '성공'이라는 결과로 나타나거든요. 하루에 0.1%씩만 성장해도 1,000일이면 100% 성장할 수 있습니다. 자신의 능력을 믿으세요. 하루하루 꾸준히 노력하면 언젠가 이루어집니다.

내가 가진 잠재성을 최대한 끌어올리기 위해 노력해 보는 건 어떨까요? 여러 가지 분야에 관심을 가지고 조금씩 기술을 습득하기 위한 노력을 해보는 겁니다. 처음은 어려운데요. 일단 시작하면 금세 익숙해지거든요. 실행해야만 결과를 만나볼 수 있습니다. 실천하지 않으면 바뀌는 것도 없고요. 오늘부터 성공을 위한 시도를 시작해 보자고요.

메타인지는 생활의 달인도 만들어 줍니다

어떤 사람과 이야기를 해보면 이런 경우가 있습니다. 자신의 이상향을 이야기하면서 현재 자신이 그러한 것처럼 말하는 겁니다. "나는 철두철미한 사람이야." 이런 식의 말처럼요. 천만에요. 그런 말하는 사람들치고 계획성 있게 하는 사람이 그리 많지 않습니다. 자신이 원하는 것을 정확히 할 수 있는지 확인해보지도 않고 다른 사람들에게 말로 표현하는 거죠. 이게 바로 메타인지가 부족한 경우죠.

나 자신을 객관적으로 보는 힘은 어디에서 나올까요? 나를 중심에 두고 생각하면 객관적으로 볼 수 없습니다. 다른 사람의 시각에서 바라봐야죠. 나를 관찰하는 시점을 바꾸면 나를 객관화할 수 있습니다. 예를 들어 강의를 할 때 듣는 사람의 관점에서 생각해보고 말하면 어떤 발언이 필요한지 알 수 있죠. 프레젠테이션에 필요한 단어나 이미지를 금세 찾을 수도 있고요.

요즘 메타인지가 강조되고 있습니다. 자신을 얼마나 객관화하느냐가 중요한 시기죠. 다른 사람들이 보거나 듣기에 '너무 잘난 척'을 하는 경우는 대부분 좋아하지 않습니다. 사람들과 어우러지고 함께 하는 모습을 보여주는 것이 좋죠. 그러려면 자신의 강점이나 약점을 정확히 파악해야 합니다. 자신의 강점을 부각하면서 누가 보더라도 '저 사람은 이 분야의 최고야.'라는 느낌을 줄 수 있으면 되는 겁니다.

자기 계발을 할 때도 마찬가지입니다. 한 분야의 전문가가 되기 위해 끈기를 가지고 진행해야 합니다. 조금 시도해 보다가 '잘 안되는군.' 하는 생각에 다른 것으로 갈아타면 되는 일이 없습니다. 하나를 하더라도 끝을 본다는 생각으로 추진해야 합니다. 전혀 어려움 없이 이루어지는 일은 아무것도 없습니다. 전문가라는 말을 듣고 싶다면 끊임없이 한 분야와 관련한 일을 해보세요.

한 분야에 관한 공부를 하고 연구를 할 때 기억해야 할 것이 있습니다. 핵심을 파악해야 해요. 포인트를 정확히 공략해야 시간과 노력을 줄일 수 있습니다. 지엽적인 부분에만 관심을 두거나 포인트를 공략하지 못하면 시간 낭비만 하게 됩니다. 대상을 분석하고 핵심을 공략하면 자신이 준비하는 일을 성취할 수 있는 날이 올 겁니다.

인생은 꿈을 찾아 떠나는 여행입니다

여러분 지금 하는 일에 만족하시나요? 내가 하고 싶은 일을 하고 계시나요? 아니면 어쩌다 보니 하는 일인가요? 내가 잘할 수 있는 일을 하고 있다면 만족감도 높아집니다. 반대의 경우라면 어떤가요? 상대적으로 만족감은 낮아지게 마련입니다. 내가 하고 싶은 일을 하면서 살아가기는 쉽지 않습니다. 좋아하는 일을 하기 위해서는 끊임없이 준비해야 하거든요.

아이들은 성장을 합니다. 초·중·고등학교를 다니면서 진로를 찾죠. 점차 성장하면서 하고 싶은 일들은 계속 변화합니다. 어떤 날은 대통령이 되고 싶다가도 어떤 날은 제빵사가 되고 싶어 합니다. 오늘 아침에 먹은 빵이 맛있었거든요. 이 빵보다 더 맛있는 빵을 만들겠다는 각오죠. 그러다가 다음날 먹은 짜장면이 맛있으면 중식 요리사가 꿈이 되기도 합니다. 하고 싶은 직업은 계속 바뀌죠.

어느 순간 진로가 결정됩니다. 고등학교를 졸업하면서 바로 취업을 하기도 하고요. 대학을 졸업하고 직업을 얻기도 합니다. 사람마다 다르기는 하지만 성인이 되면 대부분 직업을 가지고 살아갑니다. 우리나라는 자본주의 사회잖아요? 돈을 벌어야 경제생활을 하면서 살아갈 수 있습니다. 좋든 싫든 일을 하면서 버는 돈으로 삶을 영위하게 되죠.

돈을 많이 벌면 좋은 직업인가요? 돈을 많이 번다는 것은 그만큼 가치 있는 일을 하고 있다는 거죠? 경제 활동이 나쁜 행동이거나 누군가에게 해를 끼치는 어둠의 경로가 아니라면 말입니다. 하나만 생각해볼게요. 경제적으로 풍요롭지만 만족하지 못하는 때도 있어요. 중요한 것은 내가 하고 싶은 일을 하면 만족감이 높다는 겁니다. 그런데 생각보다 하고 싶은 일을 하면서 살아가기는 쉽지 않습니다. 상급학교로 진학하면서 성적에 맞춰 진학하기도 하니까요.

공부하고 싶은 전공에 입학하지 못하기도 합니다. 그러다 보면 꿈과는 다소 거리가 있는 공부를 하게 되죠. 시간이 흐르면 하고 싶은 일과는 전혀 다른 일을 하기도 합니다. 생각을 조금만 바꿔볼까요? 지금 하는 일은 내가 가장 잘할 수 있는 일을 찾은 것일 수도 있어요. 조금씩 나의 길을 찾아 흘러왔으니까요. 조금은 마음에 들지 않더라도 힘을 내서 일해야 하는 이유입니다. "오늘도 힘내자~!" 하고 외쳐보세요.

1. 나는 누구인가요?

_____

_____

_____

2. 나는 무엇을 좋아하나요? / 싫어하나요?

_____

_____

_____

3. 나는 어떤 사람을 좋아하나요? / 싫어하나요?

_____

_____

_____

4. 나의 관심사는 무엇인가요?

_____

_____

_____

메타인지 찾기

나의 꿈이 있다면? 어떤 방법으로 나의 꿈을 찾을 수 있을까요?

_____

_____

_____

_____

독서와
기록으로
'진정한 나'
찾기

1.

공부를 게임하듯이
즐기는 방법은 없을까요?

나부터 나를 믿으세요

사람들 간의 관계는 어렵습니다. 시작부터 김빠지죠? 그런데 어쩌겠어요. 나와 생각이 같은 사람은 아무도 없는데요. 사람들과의 관계에 가장 큰 영향을 주는 것은 무엇일까요? 서로의 감정을 상하지 않고 지내려면 꼭 필요한 것은 무엇일까요? 관점에 따라 여러 가지가 있을 수 있는데요. 제가 보기엔 '믿음'이 가장 중요하다고 생각해요. 상대방을 믿어주어야 신뢰가 형성될 수 있으니까요. 믿을 수 없는 사람과는 관계를 지속하기도 어렵지 않을까요?

사람들은 사회를 이루고 살아갑니다. 사람들을 서로 신뢰하면서 지내게 되죠. '이 사람은 성실해.', '이 사람은 이럴 때 믿을 만하다고.'

라는 평가를 하기도 합니다. 공통점을 찾으셨나요? '믿음'이 있어야 사람들 간의 관계가 잘 유지될 수 있어요. 서로 신뢰하는 거죠. 어떻게 하면 다른 사람이 신뢰할 수 있는 사람이 될 수 있을까요? 쉽지는 않습니다. 일단 나부터 자신을 믿을 수밖에요.

자신을 믿으려면 어떻게 해야 할까요? 제가 추천하는 방법은 계획과 일상 기록입니다. 아침에 일과를 계획합니다. 잠들기 전에는 일상을 기록하면서 하루를 되돌아봅니다. 나를 객관적으로 파악할 수 있어야 해요. 내가 해야 하는 일과 할 수 있는 일은 어떤 것이 있는지 파악하는 거죠. '메타인지'는 여기에서도 활용됩니다. 나의 일상을 관찰하는 과정에서 말이죠.

비밀인데요. 이 책을 읽으시는 분들께만 하나 더 추가해서 말씀드릴게요. 일상을 기록할 때 감사하는 마음을 기록해 보세요. 매일 감사하는 마음을 가지고 살아가야 합니다. 매 순간이 소중하게 느껴질 수 있어요. 최선을 다하며 살아가는 방법이죠. 일상 기록과 함께 감사함을 기록하면 더욱 성장할 수 있는 계기가 됩니다. 이순신 장군도 일기를 쓰셨잖아요? 모두가 알고 있는 「난중일기」요. 일기의 제목까지 지었는지는 모르겠지만 말이죠.

사람들과 좋은 관계를 만들기도 어렵지만 유지하는 건 더 어렵습니다. 어떻게 하면 서로 믿으면서 살아갈 수 있을지에 관한 고민이 필요하죠. 상대방의 실수가 있다면 덮어줄 건 덮어주는 게 좋아요. 용서하는 거죠. 용서할 때는 너그러운 마음이 느껴질 수 있어야 해요. 때론 용서가 쉽지는 않습니다. 다른 사람은 내가 아니잖아요? 서로의 생각이 다른 것이 틀린 것은 아니라는 것, 잊지 않으셨죠?

당신이 책을 읽어야 하는 이유

'롤 모델'이라는 말 들어보셨죠? 일이나 업무에서 본받을 만한 사람을 이야기합니다. 롤 모델로 어떤 사람을 선정하고 있는지 이야기할 수 있으신가요? 이유도 함께 말이죠. 좋은 점을 보고 롤 모델을 선정했는데 실망한 적은 없으신가요? 내가 생각한 그 사람은 이렇지 않았는데, 다른 쪽에서 문제가 생기는 때도 있습니다. 다양한 방면에서 기준을 선정해두는 것이 좋아요.

모든 것은 장단점이 있습니다. 사람도 마찬가지죠. 긍정적인 면을 바라보기도 하고요. 때론 안 좋은 점을 보면서 '저렇게는 하지 말아야겠다.'라고 생각하기도 합니다. 관리자나 경영하는 분들을 보면 금방 이해가 갑니다. 인간적인 매력이 있는 분이 있는가 하면 어떤 분들은 '퇴직한 이후에는 사람들이 찾지 않겠다.'라는 생각이 절로 들게 만드는 분들이 있잖아요?

사람이 진화하면서 뇌에 프로그램된 것이 있습니다. 생존이라는 본능에 충실하기 위한 방법이기도 합니다. 긍정적인 기억은 그다지 오래 기억하지 못하는데요. 부정적이고 위험한 기억을 오래 기억합니다. 다시 비슷한 상황이 벌어지면 살아남을 수 있도록 말입니다. 장점보다 단점을 더 잘 기억하는 것도 마찬가지입니다. 물론 장점은 그다지 고칠 필요가 없어서이기도 하죠.

어떤 계획을 세울 때 어떻게 하시나요? 누군가를 롤 모델로 삼으면 쉽게 진행되기도 합니다. 세상에 태어나면서 설명서를 가지고 출생한 사람은 없습니다. 조그마한 가전제품에도 설명서가 있는데 말이죠. 사용설명서가 없기 때문에라도 롤 모델을 찾아 두는 것이 좋겠습니다. 조금이라도 빨리 성공하기 위해서 말이죠. 시행착오를 겪다가 목표한 것에 도달하지 못할 수도 있으니까요.

이쯤 되면 제가 어떤 말을 하려고 하는지 짐작하시죠? 책을 읽어야 합니다. 책만큼 소중한 롤 모델이 없습니다. 작가가 하고 싶은 이야기를 담아두었죠. 책을 읽는 시간만큼은 나와 작가의 끊임없는 대화가 진행됩니다. 이 과정에서 생각의 틀이 확장하죠. 점차 성장합니다. 바로 눈에 띄지는 않지만 조금씩 부풀어진 지식의 양은 우리를 계단식으로 성장시켜 줄 겁니다. 이게 바로 오늘부터 독서습관을 길러야 하는 이유입니다.

공부를 게임을 하듯이 즐기는 방법은 없을까요?

여러분 이런 상상해 보셨나요? 공부하는 기계가 있으면 좋겠다는 생각이요. 실제 내가 어느 정도 공부했는지를 나타내주는 기계에요. 공부한 내용을 파악하고 정확한 피드백을 통해 더 공부할 내용을 파악할 수 있겠죠. 시간 관리를 할 때도 많은 도움이 될 겁니다. 적어도 공부하는데 알고 있는 내용을 반복하지 않을 테니까요. 시간을 중복해서 소모하지 않을 겁니다.

컴퓨터나 스마트폰으로 게임을 해 보셨죠? 시간 보내기 참 좋습니다. 게임을 하다가 쉴 때는 다시 하고 싶은 생각이 들기도 합니다. 어찌 보면 중독이죠. 왜 게임중독에 빠지게 되는 걸까요? 즉각적인 피드백과 보상입니다. 모든 게임은 점수를 올리는 것부터 시작합니다. 2명이 함께 게임을 하면 서로 경쟁을 하기도 하죠. 나의 점수가 올라가면서 흥미를 느끼게 되는 겁니다.

공부하면서 실시간 피드백을 받으면 어떻게 될까요? 흥미를 느끼고 공부할 수 있지 않을까요? 공부를 게임하듯이 하는 거예요. 책을 읽고 강의를 듣는 것을 오래가기가 쉽지는 않습니다. 답답하기도 하고요. 실시간 피드백은 공부를 게임으로 만들어 주지 않을까요? 현실은 그렇지 못합니다. 끊임없이 노력해야 합니다. 공부할 때 가장 중요한 것은 '나의 언어로 표현할 수 있느냐? 없느냐?'입니다. 어떤 개념을 설명할 수 있으면 공부가 된 거고요. 그렇지 못하면 잘 모른다고 판단하면 됩니다.

읽기, 듣기, 말하기, 쓰기. 이렇게 언어의 영역을 말씀드리게 되는데요. 어찌 보면 공부하는 방법도 같습니다. 내 생각으로 정리하고 말해보고 써보고 해야 공부가 되잖아요? 공부할 때도 전략적으로 해야 힘이 덜 들어요. 일방적으로 읽기와 듣기만 해서는 안 됩니다. 나의 말로 풀어봐야죠. 이 과정을 반복하다 보면 어느 순간 성장을 합니다. 계단식으로요. 공부를 통한 지식의 성장은 절대 조금씩 오르지 않아요.

나의 성장을 위해 끊임없이 노력해야 한다고 말씀드렸습니다. 조금씩 성장을 하니까요. 이것저것 다양한 분야에 관심이 많더라도 하나의 능력을 키우고 난 이후에 다른 영역으로 넘어가세요. 한 번에 모든 것을 잘할 수 있는 사람은 아무도 없어요. 어느 정도 준비가 되어야 가능한 일들입니다. 오늘도 조금씩 성장하는 하루를 보내세요. 현재의 나를 사랑해 보세요. 행복한 미래의 나를 만나게 될 겁니다.

2.

나를 알기 위한 기록은
이렇게 합니다

나에게 선물을 해보세요

인터넷으로 물건을 주문해 보셨죠? 안 해보신 분은 없을 겁니다. 물건을 주문하면 1~2일 이내에 택배로 도착합니다. 택배로 필요한 대부분 물건이 도착하는 세상입니다. 어린아이들은 택배기사님을 산타클로스와 같은 사람으로 인식한다는 우스갯소리도 있지요. 택배기사님들은 필요한 물건을 가져다주는 사람인 겁니다. 현대판 산타클로스라고 생각해도 크게 무리는 아니죠.

택배는 1~2일이 걸린다면, 배달 앱으로 음식을 주문하면 1시간 정도면 집으로 가져다줍니다. 퀵서비스 기사님들이에요. 택배보다 조금 더 빨리 가져다주죠. 음식을 주문하기에 더욱 기다려지기도 합니다. 택배와 배달 앱을 통해 주문하는 것이 일상화된 세상입니다. 예전에 음식 배달 주문할 때는 전화로 했었잖아요? 요즘 사람들은 왜 배달 앱이나 인터넷으로 물건을 주문하는지 생각해보셨나요?

결론부터 말씀드리면 내가 주문한 물건의 상태와 위치를 알 수 있습니다. 실시간으로 추적도 가능합니다. 당장 가져다주지 않더라도 언제쯤 받을 수 있겠다는 확신을 할 수 있죠. 전화로 주문하던 아날로그 시대에는 누리지 못했던 일입니다. 배달이 안 와서 전화를 해보면 "주문이 밀려서 그래요. 조금 전에 출발했어요."라는 말을 듣곤 하던 시절입니다.

현대사회는 '즉각적인 피드백'이 필요한 사회입니다. '통신이 발달하기 이전에는 어떻게 살았나?' 할 정도로 편리한 세상에 살고 있습니다. 사람들의 삶에 여유가 없는 이유도 있습니다. 나의 삶을 살아가면서 나에게 주어진 것들을 바로 얻을 수 있어야 합니다. 내게 필요한 것은 무엇이고 어떻게 얻을 수 있는지도 피드백이 주어져야 하는 거죠.

공부할 때도 마찬가지입니다. 세부적으로 쪼개고, 각각의 목표를 설정해 둡니다. 바로바로 피드백을 주는 거예요. 내가 목표한 것을 달성하면 나에게 선물을 해주는 거죠. 처음에는 조금 어색하기도 합니다. 내가 가지고 싶었던 물건을 하나씩 구매해서 나에게 줍니다. 만족감이 증가하죠. 내재적 동기를 발현시킬 방법이기도 합니다. 올해의 목표를 세워보면서 나에게 피드백을 주기 위한 계획을 세워보는 건 어떨까요?

나를 알기 위한 기록은 이렇게 합니다

공부할 때만 기록하는 것이 아닙니다. 하루의 일상을 기록으로 남기기도 합니다. 아침에는 하루를 계획하고 기록합니다. 저녁에 잠들기 전에는 일기를 쓰는 것이 좋습니다. 아침에 계획한 일을 모두 해냈는지를 점검해 보게 되니까요. 혹시 부족한 점이 있었거나 아쉬운 점이 있다면 기록해둡니다. 다음에는 같은 실수를 줄일 수 있습니다. 기록하면서 자연스럽게 기억을 할 수 있기 때문이죠.

하루의 일과를 기록하면서 날마다 점검합니다. 일주일 단위로 계획하고 점검하는 것도 좋습니다. 주 단위로 계획을 하면 하루에 해야 할 일이 쪼개집니다. 공부한다고 하더라도 조금씩 분습법으로 진행할 수 있습니다. 많은 일을 한 번에 하려고 하면 거부감이 들기도 하는데요. 이때 필요한 것이 작은 단위로 쪼개는 것입니다. 내가 성공할 수 있는 단위로 나눠두는 거죠. 일주일 단위가 가장 적당합니다.

한 달 단위로 계획을 세워보는 것도 좋습니다. 한 달을 기준으로 작성하기 시작하면 일주일 단위보다 더 체계적으로 변화합니다. 어떤 일을 구상할 때 기초 단계부터 중급 단계, 고급 단계를 구상할 수도 있습니다. 자신의 한계를 시험해 보면서 준비할 수 있는 시간이 됩니다. 한 달 단위로 계획하기 어렵다면 몇 달을 묶어서 준비해 보는 것도 좋습니다. 이때 필요한 것이 있다면 실행 가능한 단위로 묶어야 합니다.

1년의 계획은 1월이나 전년도 12월 말에 세웁니다. 매년 계획한 일을 작성했는지 점검해 보아야 합니다. 올해 부족한 점은 무엇인지 내년에 필요한 능력은 어떤 것이 있는지 확인해보는 거죠. 중요한 것은 내가 할 수 있는 일이어야 합니다. 무턱대고 계획만 세워두면 3일을 지속하지 못하니까요. 할 수 있는 일을 지속해서 진행할 수 있도록 나를 객관적으로 볼 수 있는 시각이 필요합니다. 메타인지가 필요한 겁니다.

나 자신을 객관적으로 보려면 부단히 노력해야 합니다. 지식의 수준도 어느 정도는 있어야 합니다. 세상을 보는 눈도 키워야 하죠. 나의 능력치를 평가하는 데 필요한 최소한의 기준이니까요. '메타인지'는 내가 알고 있는 것도 알아야 하지만 모르는 것도 정확히 파악해야합니다. 자신이 할 수 없는 허무맹랑한 이야기를 하면서 계획만 세우는 것은 허풍일 뿐입니다. 나 자신을 알아야 삶도 변하게 됩니다.

오래 기억하려면 이렇게 해보세요

메모하는 이유는 무엇일까요? 기억하기 위해서입니다. 사람들은 키워드에 내용과 생각을 담아 메모를 합니다. 이때 주의할 점이 있습니다. 의식적으로 기억하려고 생각해야 합니다. '메모한 내용을 나중에 봐야지.'라고 생각하는 순간 기억에서 사라지게 됩니다. 키워드에 내 생각을 담아 의미를 부여하는 순간을 기억해야 합니다. 단기기억이 장기기억으로 바뀌게 되거든요.

교육학 이론 중 정보처리 이론을 살펴보겠습니다. 단기기억은 순간적으로 사라지는 기억입니다. 단기기억을 장기기억으로 변화시키려면 부호화가 필요합니다. 청킹이라고 하는 의미 단위로 묶는 거죠. 일명 매직넘버라고 불리는 7±2 정도면 충분해요. 이때 내 생각을 반영해서 의미를 부여하게 되는데요. 이 순간을 기억해야 기억에 오래 남습니다. 장기기억으로 파지가 이루어지는 겁니다.

공부한 내용을 검색하거나 책을 찾아보지 않더라도 이야기가 술술 흘러나와야 합니다. 위 문단에서 키워드를 찾아봅니다. 단기기억, 장기기억, 청킹, 매직넘버 정도입니다. 물론 키워드에 의미를 담기 위해서는 기본적인 지식이 어느 정도 있어야 합니다. 모르는 분야의 공부를 할 때는 먼저 용어 정리부터 해야 하는 이유이기도 하고요.

다시 공부하는 방법에 관하여 이야기해 볼까요? 학교 다닐 때의 공부와 자격증 시험에서의 공부하는 방법은 같습니다. 반복해서 보면 됩니다. 몸에 힘을 주고 '내가 모든 것을 씹어버릴 거야.'라고 생각하고 공부하면 힘들어요. 공부도 되지 않고 쉽게 지치게 됩니다. 처음에는 힘을 빼고 읽어 내려가 봅니다. 왼쪽, 오른쪽 2페이지에서 키워드를 찾아봅니다. 조금 더 진행되면 1개의 챕터에서 키워드를 찾는 것도 좋습니다.

수업을 진행할 때 학습 목표를 설명하잖아요? 수업 시간에 공부할 목표가 키워드이기 때문이죠. 이 키워드를 찾아 공부하면 시간을 절약할 수 있습니다. 방향성 있는 공부를 해야 시간도 절약할 수 있어요. 모든 공부는 '강약 중강 약'이 필요합니다. 그래야 체력도 아낄 수 있었습니다. 그렇게 아낀 체력은 다시 힘을 내서 공부할 수 있는 원동력이 되니까요. 쉽게 접근해야 오랜 기억으로 남을 수 있습니다.

책과
친해지고 싶다고요?

키워드를 찾으면 공부가 쉬워집니다

만약 내일 시험을 보아야 한다면 어떻게 해야 할까요? 시험공부를
할 때 어떻게 하면 효율적으로 할 수 있을까요? 시험을 잘 보아야 공
부를 한 것은 아니지만 수업 중에 공부한 내용을 잘 기억할 방법은
없을까요? 공부도 비법이 있습니다. 공부하는 방법에 관하여 생각해
보겠습니다. 기본기는 있어야 중간은 갑니다. 아무런 준비 없이 이루
어지는 것은 없으니까요.

수업을 듣거나 공부를 할 때를 생각해볼게요. 공부하는 내용의 키
워드를 찾아서 메모합니다. 요약 정리를 하는 것이 관건입니다. 키워
드에 의미를 담아서 요약해야 합니다. 키워드만 보아도 어떤 의미인

지 파악할 수 있어야 합니다. 키워드는 압축해서 의미를 담고 있어야 하니까요. 어떻게 하면 가능할까요? 반복된 연습이 필요합니다. 책을 읽을 때 한 꼭지를 하나의 키워드로 요약하는 연습을 해보는 거죠.

책을 읽고 읽은 내용을 기억하는 방법은 어떤 것이 있을까요? 의외로 단순합니다. 물론 쉽지는 않습니다. 책 한 권을 한 문장으로 요약하면 됩니다. 각각의 키워드를 하나로 묶은 형태여야 하구요. 압축한 내용은 키워드에 담아둡니다. 이 상태로 요약을 하면 나만의 비법 노트가 완성됩니다. 이 과정에서 공부가 이루어지거든요. 요약한 내용을 보고 공부가 되는 것이 아니에요.

시험공부를 할 때는 어떤가요? 다른 사람이 작성한 요약 노트가 있습니다. 쉽게 공부할 수 있을 그거로 생각하고 요약 노트를 봅니다. 당최 무슨 이야기인지 머릿속에 들어오지 않습니다. 다시 내가 공부했던 책을 읽거나 강의를 들어야 해요. 왜 그럴까요? 사람마다 인지구조가 다르기 때문입니다. 정보를 받아들이는 방법도 다르고 표현하는 방식도 다르니까요. 같은 내용을 보더라도 처리하는 방식이 다릅니다.

공부할 때는 나만의 방식으로 해야 합니다. 누군가가 대신해 주면 그 사람이 공부한 결과물일 뿐이에요. 나의 인지구조로 소화해야 합니다. 그래야 머릿속에 남으니까요. 기록하면서 공부가 되는 것이 아니고요. 키워드에 담으려고 노력하는 과정에서 공부가 됩니다. 책 한 권을 하나의 단어로 표현할 수 있어야 합니다. 무리할 필요는 없지만 노력하면 가능해요. 그만큼 공부할 수 있는 능력이 생겼다는 증거니까요.

책과 친해지고 싶다고요?

독서를 할 때도 방법이 있습니다. 책을 전략적으로 읽어야 합니다. 무작정 읽기 시작하면 내용을 파악하기까지 시간이 오래 걸리거든요. 머릿속에서 정리하기 어려워지기도 하니까요. 얇은 책을 읽을 때도 방법이 있습니다. 종이책과 전자책의 차이가 있기는 하지만 책을 읽는다는 점에서 바라보면 거의 비슷해요. 어떻게 하면 효율적으로 독서를 할 수 있을까요?

책을 읽을 때는 겉표지부터 봅니다. 앞면과 뒷면을 살피고요. 이때 제목과 부제목을 통해 어떤 책인지 파악합니다. 저자가 누구인지도 파악하죠. 인터넷에 검색해도 되지만 책 앞면 표지 뒷면에서 저자의 약력을 파악할 수 있습니다. 그리고 뒷면을 봅니다. 뒷면에는 책

을 추천하는 이야기나 책의 포인트를 요약한 내용이 있습니다. 표지
만 파악해도 책의 주제와 키워드는 파악할 수 있습니다.

두 번째는 읽으려고 하는 책의 목차를 파악합니다. 인터넷 서점에
서 책을 검색하면 목차를 복사할 수 있습니다. A4용지에 목차만 복
사해서 붙여넣기하고 출력해둡니다. 목차는 제목의 대주제를 뒷받침
하는 중간 주제가 있습니다. 중간 주제를 설명하기 위한 소주제가 또
있습니다. 중간 주제는 장 또는 챕터입니다. 소주제는 꼭지로 표현하
기도 합니다. 하나의 책은 보통 5~8장으로 구성되어 있고, 20~30
개 정도의 꼭지로 구성되어 있습니다.

세 번째는 책을 읽는 방법을 선택합니다. 순서대로 읽을 것인지 목
차에서 마음에 드는 중간 주제를 선택해서 읽을 것인지를 결정합니
다. 순서대로 읽으면 내용이 논리정연하게 파악될 수 있습니다. 선정
한 목차부터 읽는 경우는 내용의 포인트를 파악하는 것이 먼저예요.
어떤 이유에서 이런 이야기를 하는지 명확하게 파악할 수 있으니까
요. 자신만의 논리를 전개할 수 있어요. 결국, 나만의 책 읽기와 해석
을 할 수 있습니다.

독서를 할 때 전략적으로 접근하는 방법이 필요합니다. '어떻게 되

겠지.'라고 생각하면 정말 어떻게 됩니다. 시간이 오래 걸리고 포인트를 파악하지 못하는 때도 있고요. 책을 읽을 때는 주제와 목차를 파악하는 것이 우선이에요. 거기에 살을 붙이는 것은 저자가 아닙니다. 독자의 시선에서 나만의 논리를 어떻게 펼쳐나갈 것인가를 생각하고 책을 읽어봅니다. 나만의 시각으로 주제를 풀어나갈 힘이 될 수 있습니다.

독서는 저자와 나의 끊임없는 대화입니다

전략적인 독서를 하기로 했다면 다음은 어떤 것을 준비해야 할까요? 이번에는 어떻게 읽을 것인지 구체적인 계획을 설정합니다. 모든 사람은 인지구조가 다릅니다. 같은 내용을 읽어도 느끼는 바가 다를 수 있지요. 사람마다 다른 때도 있지만 한 사람이 다르게 느끼기도 합니다. 같은 책을 읽어도 주어진 환경이나 지식의 수준에 따라 달리 파악되기도 하니까요.

저자는 명확한 의도를 가지고 책을 출판합니다. 자기 생각을 담아 논리정연하게 표현합니다. 소설이나 시는 내용을 파악할 수 있는 때도 있고 그렇지 못할 때도 있습니다. 읽는 사람에 따라 달리 해석될 수 있습니다. 나다움이나 주관자적인 삶을 살아야 하는 이유입니다.

저자의 의도를 파악하지 못해도 틀린 것은 아닙니다. 다른 생각을 가지게 될 수 있으니까요. 주어진 환경이 다르고 느끼는 것이 다르기 때문입니다.

생각이 다른 것이 틀린 것은 아닙니다. 나의 삶에 도움이 되는 방향으로 해석하면 됩니다. 다만 포인트가 있어요. 지금 이야기하는 하나의 키워드를 반영해야 합니다. 바로 '긍정'이에요. 어떤 내용이라도 긍정적으로 해석해야 합니다. 다른 사람들에게 도움을 주는 방법을 찾아야 합니다. 부정적인 방향으로 해석한다거나 다른 사람에게 피해를 주는 방향으로 지식을 쌓아서는 안 됩니다.

책을 읽는 것은 저자와 내가 대화를 나누는 것과 같습니다. 책에서 이야기하는 모든 것을 나의 삶에 반영할 필요도 없습니다. 친한 친구와 이야기 나눈 것도 모두 내 삶에 반영하지는 않잖아요? 필요한 것은 받아들이되 필요가 없다면 그대로 두면 됩니다. 힘들게 모든 것을 반영하려고 하면 내 삶만 어려워질 뿐이니까요. 책을 읽고 느낀 내용과 내 생각을 정리해서 결론을 도출하면 되는 거죠.

독서를 통해 다양한 생각을 할 수 있습니다. 새로운 정보를 받아들여야 변화가 생길 수 있기 때문입니다. 나 혼자의 생각으로만 세상을 바라보면 생각의 폭이 좁을 수밖에 없습니다. 같은 사물을 바라보더라도 다양한 시각으로 해석해야 하는 이유죠. 자기화해야 하는 겁니다. 자신의 방식으로 생각해야 합니다. 생각한 내용을 기록으로 남겨두세요. 나중에 같은 책을 다시 읽게 되면 생각의 변화를 느낄 수 있어요. 모든 사람은 성장하기 때문이기도 하구요.

4.

문해력이
걱정되시나요?

독서기록장을 작성하다 보니…

코로나 19 팬데믹으로 거리 두기를 할 때였습니다. 모두 그랬겠지만, 밖에도 나가지 못하고 집에 있는 시간이 많았죠. 뭐라도 해야 할 듯싶어 이것저것 하기 시작했거든요. 유튜브 영상도 보고, 영화도 보다가 결국 책을 읽기 시작했습니다. 가장 돈이 적게 들어가기도 하고 어렵지 않았어요. 인터넷을 책을 주문하면 다음 날이면 도착하기도 했고요. 전자책은 결제와 동시에 바로 읽을 수 있었습니다.

책을 읽고 난 후에는 약간의 생각만 메모해서 붙여두곤 했습니다. 읽은 책이 몇 권 되지 않았을 때는 표지만 보아도 대충 어떤 내용인지 알았거든요. 읽은 책이 10권이 넘어가고 50권이 넘어가게 되니

문제가 발생했어요. 메모해둔 내용만 가지고는 내용이 생각나지 않는 때도 있었어요. 이때부터 기록하기 시작했습니다. 독서기록장이라고 노트에 적어두고 책의 내용 중에서 기억에 남는 것을 적어두기로 했죠.

책을 읽을 때 독서기록장을 작성하기 시작했어요. 책의 내용을 그대로 옮겨 적는 필사를 하게 되는 때도 있었습니다. '이 문장만큼은 기록해두었다가 생각날 때 한 번씩 읽어보리라.'라는 생각이었죠. 보통 독서기록장에는 책의 이야기와 함께 내 생각을 정리해뒀고요. 책의 내용을 그대로 기록하는 것보다는 내 생각을 정리하는 시간이 필요하다고 생각했어요. 생각을 조금씩 가공하고 기록하는 과정에서 성장할 것이라는 확신이 들었어요.

책을 읽고 기록할 때는 유의할 점이 있습니다. 책의 문장을 그대로 가지고 와서 기록해도 됩니다. 책에 있는 모든 문장을 기록하면 내 생각이 정리되지 않거든요. 키워드만 가지고 오거나 한 문장에서 두 문장만 가지고 와야 해요. 그리고 내 생각과 느낀 점을 한 단락으로 구성하는 편이 좋습니다. 독서를 하는 이유가 무엇일까요? 하나의 주제에 관하여 내 생각을 명확하게 만들어 줍니다. 이 과정에서 정보를 얻게 되고 생각을 정리할 수 있게 되는 거고요.

독서는 전공이 아닌 사람들도 전문가로 만들어 줄 수 있습니다. 평소 관심이 있던 분야나 영역이 있다면 조금씩 내용을 찾아보고 알아보는 것도 좋습니다. 지식의 영역을 조금씩 넓히다 보면 성장을 하게됩니다. 단, 책을 읽은 내용을 기록할 때는 생각을 해야 합니다. 기록을 통해 내 생각을 정리해 볼 필요가 있고요. 책의 내용이 내 생각과결합하여 새로운 결과를 얻을 수 있도록 말이에요.

문해력이 걱정되시나요?

한동안 문해력이 심각한 사회적 문제로 대두된 적이 있습니다. 예를 들어볼까요? 한 중학교에서 체험학습을 예정하고 있었어요. 학생들의 집으로 가정통신문을 보냈다고 하네요. 점심 식사를 학교에서제공한다는 '중식 제공' 문구를 포함해서 말이죠. 다음날 학교에 민원이 들어왔습니다. 민원의 내용을 요약하면 '우리 아이는 한식을 좋아하는데 학교에서 일방적으로 중식으로 결정하면 어떻게 하나?'라는이야기입니다. 이쯤되면 성인의 문해력도 심각한 수준이라고 이야기해도 되겠죠?

문해력을 높이는 데 필요한 것은 무엇일까요? 몇 단계가 필요합니다. 우선 관련한 지식을 습득해야 합니다. 머릿속의 지식으로 만들어지기 위해 공부를 해야 합니다. 책을 읽는다고 갑자기 공부가 되고 문해력이 높아지는 않습니다. 차근차근 개념을 파악하고 내용을 정리하는 과정을 거쳐야 합니다. 지식은 어느 정도 내공이 쌓이면 계단식으로 성장합니다.

단어 몇 개를 외운다고 문해력 문제가 해결되지는 않습니다. 공부할 때 새로운 용어가 나왔다면 어떻게 할까요? 용어의 정의를 살펴보고 활용되는 예를 살펴보아야 합니다. 나의 언어로 단어를 해석해야 합니다. 단어에 의미를 부여하면 장기기억이 되거든요. 어떤 상황이든 기록으로 남기는 순간을 기억해야 합니다. 순간을 생각하고 의미를 부여하면 자기화에 성공하게 하는 거죠. 결국, 기록하기 전 자기화를 하는 과정에서 기억하게 되는 선순환 구조를 가지게 됩니다.

지금까지 이야기한 내용을 정리해 볼까요? 책을 읽거나 강의를 들어도 마찬가지예요. 공부할 때에는 개념을 정리하고 나의 언어로 표현해야 합니다. 나의 언어로 표현할 때는 무조건 머릿속에서 개념을 정리하고 활용할 수 있어야 합니다. 어떤 용어에 대해 술술 풀어낼 수 있어야 진정한 지식인 거죠. 완벽한 나의 지식이 되려면 끊임없이 생각해야 합니다. 생각하지 않으면 나의 언어로 표현하기 어렵거든요.
공부가 어렵다면 이렇게 연습해 볼까요? 어렵지 않은 수준의 책을 한 권 고릅니다. 한 장을 읽고 단 하나의 키워드로 정리를 해봅니다. 키워드를 보고 책 한 장의 이야기를 나의 언어로 풀어서 이야기해 봅니다. 이 과정을 하루에 5개씩만 연습해 볼까요? 하나의 키워드당 10분으로 정하고 진행하면 50분이면 가능합니다. 일주일이 지나고 한 달이 지나면 변화되는 나를 발견할 수 있습니다.

이순신 장군님도 쓰신 『난중일기』

한 친구와 정말 오랜만에 전화 통화를 했습니다. 어림잡아도 3년 정도 만에 전화 통화를 했거든요. 그런데 어제 만났던 친구처럼 편안하더라고요. 몇 년 전부터 일본에서 이민생활을 하고 있다더군요. 그 친구를 알던 친구들도 한동안 연락이 안 됐었거든요. 친구에게 무슨 일이 있는 줄 알았는데 그제야 이해가 가더라고요.

오랜 기간 만나지 않았는데도 유달리 친근함을 느끼는 사람들이 있습니다. 주변에 있는 사람들을 생각해보고 관계 지도를 그려보세요. 내가 잘 알고 친하게 지내는 사람들을 분류해 보는 겁니다. 그 과정에서 서로의 관계를 생각해 볼 수 있습니다. 물론 관계는 상황에 따라 변화합니다. 관계 지도는 1~2달에 한 번씩 다시 한 번 그려보는 것을 추천합니다. 관계는 변하니까요.

일기를 쓰는 것도 좋습니다. 하루의 일과를 계획하고 실행한 내용을 적어두는 거죠. 일정한 시간이 흐른 뒤에 읽어보세요. 이때의 나는 '이런 생각을 했구나!'라고 느끼게 됩니다. 지금의 내가 조금 더 성숙했다는 느낌도 들고요. 아침에 일어나서 계획을 먼저 해두는 것도 좋겠어요. 저녁에 확인해보면서 일기를 작성하면 되니까요. 계획성 있고 전략적으로 살아갈 수 있습니다.

이순신 장군님도 일기를 쓰셨잖아요? 『난중일기』요. 임진왜란 때 조선의 수군이 어떻게 싸워왔는지 파악하는 근거가 되잖아요? 난중일기의 내용 중에는 이순신 장군님의 근심과 걱정이 가득 담겨 있다고 해요. 그런 생각들이 모여 전술과 전략으로 빛이 나지 않았을까 하는 생각도 해봅니다. 여러 가지 생각을 하다 보면 자연스럽게 일이 풀리기도 하니까요.

학창 시절에 일기 검사를 하던 때가 있었어요. 일기 쓰는 일이 얼마나 싫었던지 몰라요. 누가 본다고 하니까 더 싫었나 봐요. 제가 말씀드리는 건 누군가에게 보여주는 일기가 아니에요. 일기를 쓸 때는 나에게 쓰는 편지를 써야 해요. 나는 이런 사람이 될 것이라고 다짐하는 글이요. 긍정 확언은 시간이 흐른 뒤에 나를 그 자리에 데려다줄 겁니다. 꾸준히 노력할 수 있는 원동력이 되니까요.

5.

적자생존!
기록하면 삶이 달라집니다

기록과 강제로 친해졌어요

몇 년 전 학교폭력 업무를 처음 맡았을 때쯤이에요. 서류가 이렇게 복잡한지 몰랐거든요. 일로 만나게 되면서 알게 되었습니다. 거기에 학생과 학부모 민원은 왜 이리 많은지 이전에는 몰랐어요. 경험을 통해 알게 된 거죠. 짐작하겠지만 피해 학생과 보호자는 학교에 하소연합니다. 이야기를 종합해 보면 '학교에서 이렇게 될 때까지 뭐 했나?' 이거에요. 가해 학생도 같은 민원이고요. '학교에서 미리 관찰했어야 하는 것 아닌가?'라고 말이죠.

이전에도 기록하기는 했거든요. 그런데 체계적으로 기록하는 방법을 몰랐어요. 학교폭력 사안를 비롯한 교육 활동 침해와 관련한 사안

등의 생활지도 업무를 맡게 되면서 조금씩 기록의 중요성을 깨닫기 시작했습니다. 흩어져 있는 일상을 기록으로 남기면 증거가 되었고요. 나를 지켜줄 수 있는 수단이 되었습니다. '학교에서 뭐 했나? 미리 관찰했나'라는 민원을 적극적으로 대처할 수 있는 방법이었고요.

그렇게 3년여의 세월이 흘렀습니다. 하나의 업무를 계속 진행하다 보니 업무에 익숙해지기 시작했고요. 매년 조금씩 변동되는 사항만 점검하면 되니 어렵지 않게 일 처리를 할 수 있었죠. 지금은 학교폭력 여부를 결정하고 가해 학생과 피해 학생의 조처를 내리는 학폭위가 교육지원청에서 열리는데요. 이때는 학폭위를 학교에서 진행했어요. 2주 이내에 처리해야 했고요. 1년에 40여 건씩 학폭위를 열었어요. 정신이 없었죠.

2019년도에 새 차를 하나 구매했어요. 갑자기 새 차 이야기를 하는 이유가 있습니다. 차가 이미 출고되었는데, 새 차를 받으러 갈 시간이 없었어요. 무려 2주 동안이나 차량 판매장 앞에 세워두게 된 거죠. 결국, 차량을 판매한 딜러가 학교까지 차를 운전해서 가져다주었어요. 아무리 바빠도 저 같은 사람은 처음 봤다고 이야기를 할 정도였죠. 학폭위만 열리는 것이 아니라 선도위원회도 열어야 하고 교권보호 위원회도 열어야 했거든요. 담당하는 선생님만 바뀔 뿐 담당 부장인 저는 매일 야근을 할 수밖에 없었고요.

공무원은 한 달에 초과근무를 57시간만 인정받습니다. 이때 초과근무는 거의 90시간씩 했던 것으로 기억합니다. 누군가 조언을 해주었어요. 인정되는 시간 넘었다고 해도 혹시 문제가 생기게 될 때를 대비해야 한다고요. 초과근무를 계속 올려야 산재로 인정받을 수 있다고요. 초과근무를 꾸역꾸역 계속 올리고 일했습니다. 한 번은 주말에 폭설이 내리고 있었거든요. 집에서 자고 있는데 연락이 왔어요. 학교폭력 사안 접수를 해야 한다고 말이죠. 눈길을 뚫고 학교로 나갔습니다. 이렇게 기록과 친해지기 시작했습니다.

기록이 우연히 익숙해졌답니다

언젠가부터 일상 기록을 할 필요가 있다는 생각이 들었어요. 내가 살아가고 있는 삶을 기록으로 남겨야겠다는 생각이요. 대학 시절부터 '살아가면서 책을 10권 정도만 써보고 싶다.'라는 생각을 했어요. 생각만 하고 행동으로 옮기지 않았거든요. 책을 쓰려면 글을 써야 하는데 한 줄도 내 생각을 기록하지 않았으니까요. 생각을 메모조차 하지 않았습니다. 기록하는 습관이 없었죠.

그러던 어느 날 기록을 체계적으로 할 필요가 있다는 생각이 들었습니다. 이런 생각이 들었던 때는 바로 코로나 19로 인한 팬데믹 시절입니다. 사람들과의 거리 두기를 진행했어요. 이때 자신만의 방법으로 삶을 누렸던 시기잖아요? 다른 사람과의 접촉을 극도로 피하고 외출도 자제했고요. 마스크를 비롯해 개인위생에 철저하게 신경 쓰던 시기죠. 외출 후에는 손 씻기를 비롯한 소독을 하기도 했고요. 덕분에 코로나에 감염되기는 했어도 감기에 걸리지는 않았던 기억이 있습니다.

내가 기록하고 있는 것이 이미 익숙해졌어요. 몇 년간 맡은 업무로 학교폭력, 학생 생활지도, 교육 활동 침해 등등의 서류를 만들어야 했고요. 사실관계에 기초한 내용을 글로 표현하고 있었거든요. 육하원칙에 따라 일목요연하게 기록하고 있었던 거죠. 본의 아니게 글쓰기에 익숙해져 있었어요. 다만 내 생각이 아니라 학생들의 일을 기록하고 있었던 거네요.

기록할 필요가 있다는 생각이 들면서 나의 기록의 패턴을 변화해 보기로 했습니다. 다른 사람이 아니라 나의 삶과 행동을 기록으로 남기기 시작했어요. 이때 브런치라는 플랫폼에 글을 쓰기 시작했습니다. 브런치는 글 쓰는 플랫폼인데요. 브런치 고시라는 말이 있기도 했더라고요. 브런치에 글을 쓰기 위해서는 일정한 글을 제출해서 통과되어야 하거든요. '작가'라는 칭호를 붙여주기도 합니다. 운 좋게도 1번 만에 통과가 되었어요.

우연이라는 표현이 맞는지 모르겠네요. 돌이켜 보면 3년여간의 업무가 나를 기록에 익숙하게 만들어 주었으리라 생각합니다. 육하원칙에 맞춘 사실관계에 관한 글을 쓰는 연습을 했으니 말이에요. 한때 어렵고 힘든 일을 하면서 원망을 많이 하기도 했습니다. 사람이 살아가다 보면 좋은 일도 있고 기억하기 싫은 일도 있게 마련이잖아요? 힘들게 일했던 일들이 긍정적으로 해석하게 되더라고요. 기록으로 사람이 변화할 수 있다는 생각이 들었어요.

적자생존! 기록하면 삶이 달라집니다

공부에 관하여 생각해볼까요? 초 · 중 · 고등학교를 다닐 때는 공부하기가 왜 이리 싫었는지 모르겠어요. 시켜서 하는 일은 뭐든 내키지 않는 것도 있지만 유독 공부하는 것은 귀찮고 피하고 싶었죠. 공부는 하지 않고 놀고 있을 때 부모님께 들었던 말이 있습니다. "공부에도 때가 있단다."라는 말입니다. 이 말은 반은 맞고 반은 틀렸어요. 불혹의 나이가 지나고 보니 새로운 것을 공부하는데 시간이 더

소모되는 느낌을 받습니다.

반면에 좋은 점도 있습니다. 삶의 지혜가 늘어가기 때문이죠. 각종 경험을 통해 쌓은 비결도 있어요. 대학을 다닐 때나 사회 초년생 시절에 하던 시행착오를 통해 얻은 경험 말이에요. 삶을 살아가다 보면 때론 힘들고 어려운 상황이 발생하거든요. 소중한 경험들은 슬기롭게 헤쳐 나갈 기회를 만들어 줍니다. 100세 세상이에요. 이제는 평생 공부하며 살아가야 해요. 대학생까지만 공부하면 놀고먹을 수 있을 줄 알았는데 아니었어요.

공부의 반은 기록이에요. 공부할 때 노트에 쓰면서 하라고 하는 이유가 있어요. 책에 있는 용어를 그대로 필사해서는 공부가 되지는 않아요. 무의미 철자 학습일 뿐이죠. 어떻게 기록해야 할까요? 의외로 간단합니다. 나의 언어로 풀어써야 해요. 내가 생각한 단어와 문장으로 표현해야 하는 거죠. 기록한 내용을 다른 사람들에게 그대로 설명할 수 있으면 공부가 된 것이라 보아도 된답니다.

공부하기 위해 가장 필요한 능력은 언어능력입니다. 특히 국어 능력이에요. 읽고 들으면서 지식을 얻으니까요. 이때 내 생각이 있어야 머릿속에 남아요. 진정한 지식이 되어야 말하거나 기록을 할 때도 쓸 수 있잖아요? 무언가를 설명하는 데 텍스트를 보고 읽어야 한다면 잘 모르는 겁니다. 쉽게 이야기해서 어떤 용어에 대한 설명은 막히지 않고 술술 풀어낼 수 있어야 한답니다.

공부하다 보면 "한 바퀴 돌렸어."라는 표현을 하기도 합니다. 1회독을 했다는 거죠. 무작정 1번 보았다고 모든 내용이 기억되지 않습니다. 반복 학습이 답이에요. 그리고 생각해야 합니다. '나의 언어로 풀어야 한다.'라는 평범한 진리를 기억해야 해요. 내 생각이 들어가야 진정한 지식이 될 수 있어요. 공부의 반이 기록이라고 이야기하는 이유는 여기에 있습니다. 내 언어로 풀어서 쓰는 것이 기록이에요.

6.

인류는 기록을
시작하면서 발전했습니다

인류는 기록을 시작하면서 발전했습니다

기록하면 좋은 점은 어떤 것이 있을까요? 잊어버리지 않을 수 있습니다. 사람들도 기록하기 시작하면서 문화가 만들어졌잖아요? 생각하고 있는 것들을 날려버리지 않고 붙잡을 수 있게 된 거죠. 오랜 시간에 걸쳐 기록도 발전했습니다. 그림에서 문자로 변화하면서 생각과 경험을 기록으로 남기기 시작했어요. 문명이 발생하고 진화하는 과정에서 기록은 엄청난 역할을 해준 셈이죠.

개인의 기록은 한 사람을 성장하게 만드는 원동력입니다. 자기 생각을 정리할 수 있게 해주었어요. 내가 필요한 공부를 할 때도 기록이 필요합니다. 모든 공부는 읽기나 듣기를 통해 지식을 습득하는데요. 하나가 더 필요합니다. 나만의 방식으로 생각을 해야 해요. 생각이 빠진 공부는 금세 휘발되거든요. 잊힌 기억은 날아가 버리게 되면 다시 붙잡기가 어렵기도 합니다. 생각한 내용을 키워드 메모를 통해 기억으로 남겨야 합니다.

한 번 기억으로 만들어진 지식은 쉽게 잊어버리지 않습니다. 사람들은 무언가 기억을 하기 위해 청킹 작업을 하기도 합니다. 정보처리 이론에서 청킹 작업은 의미 있는 단위로 엮는 일을 말해요. 의미를 부여하고 부호화 작업을 통해 쉽게 기억하고 활용할 수 있도록 합니다. 이 과정에서 지식의 양은 폭발적으로 증가해요. 공부를 한다면서 아무렇게나 준비하고 시간만 보내면 안 됩니다. 공부한 내용을 파악해서 단어에 의미를 부여해야죠. 전략적으로 접근해야 쉽게 공부할 수 있습니다.

기록은 문명을 발생하게 했어요. 이런 관점에서 살펴보면 이타성을 생각하게 됩니다. 다른 사람을 위해 기록이 존재하는 거죠. 지식이 만들어진 이유가 다른 사람을 위한 겁니다. 지식을 발견하고 활용할 수 있도록 가공하는 과정에서 성장이 이루어지거든요. 매 순간 조금씩 변화하고 성장할 수 있는 원동력이 됩니다. 다양한 환경에서 접근하고 활용할 수 있도록 지식을 적용할 수 있는 능력을 키울 수 있죠.

기록은 나를 발전시키고 인류를 발전시킬 힘이에요. 바라보는 관점에 따라 약간은 달리 사용될 수 있습니다. 나를 위해 활용하는 지식이나 다른 사람들을 위해 사용할 수 있는 모든 것을 남길 수 있는 작업이니까요. 기록을 통해 성장하는 사람들이 되어야 합니다. 나의 삶에 의미를 부여하고 준비하는 과정이 필요합니다. 이때에도 기록은 좋은 도구가 될 수 있어요. 진정한 나다움은 내 생각을 기록하는 것부터 출발하니까요.

요리는 직접 썰어보아야 합니다

공부할 때는 어떻게 하는 게 좋을까요? 내가 생각한 것을 기록해야 합니다. 공부를 하면서 읽거나 들은 내용을 바탕으로 생각을 해봅니다. 키워드를 찾아서 메모하는 과정에서 장기기억이 됩니다. 이때가 공부에 가장 중요한 사항에요. 키워드를 찾고 메모를 하는 과정은 흩어져 있는 그것을 한군데로 모으는 작업입니다. 공부는 머릿속에 떠오르는 키워드를 조합하면서 하면 됩니다.

어찌 보면 단순한 것 같지만 쉽지는 않습니다. 공부하는 근육을 쌓는 방법은 간단해요. 반복해서 연습하다 보면 어느 순간 내공이 쌓이거든요. 같은 상황을 마주하더라도 익숙하고 능숙하게 처리하게 되는 거죠. 이때부터는 시간을 압축해서 사용할 수 있습니다. 〈생활의 달인〉 프로그램을 보면 이해하기 쉬워요. 도넛 반죽을 손으로 대충 잡은 것 같은데 오차가 거의 없잖아요?

기록하면 얻는 것이 있습니다. 머릿속에 흩어져 있는 개념들을 정리할 수 있어요. 이 과정에서 통찰력도 생기고요. 상황을 판단하는 능력도 여기에서 결정됩니다. 나 자신을 정확하게 파악할 수 있는 메타인지도 향상될 수 있어요. 나를 정확하게 판단해야 모든 결정의 실수가 없습니다. 실수는 돌이킬 수 없는 잘못을 만들기도 하고요. 내 안에 있는 잠재성을 끌어올릴 수 있도록 노력할 필요가 있습니다.

모든 사람은 잠재성을 가지고 태어납니다. 어떤 계기로 잠재된 능력을 깨워줄 것인가에 관한 진지한 고민도 필요합니다. 사람마다 다른 환경에 관한 고민도 해볼 필요가 있고요. 각자의 경험이 다르잖아요? 자신의 경험에서 나오는 능력은 다른 사람이 아무리 설명한다고 해도 해결되지 않습니다. 요리학원에서 강사가 아무리 설명해 봐야 요리는 늘지 않는 것처럼요. 감자, 양파, 당근 등의 재료를 직접 칼로 썰어보고 요리를 해봐야 하지 않을까요?

중요한 것은 경험이에요. 실수하더라도 경험해 보면 다시 도전할 힘이 생기거든요. 실패가 두려워서 시도조차 하지 않으면 내일은 없습니다. 다시 시작할 힘은 경험에서 나오는 겁니다. 반복된 경험은 다양한 환경에서 나를 발전시켜 주는 원동력이 되고요. 공부할 때에도 누적된 경험이 필요해요. 어떻게 하면 내 생각을 몇 개의 키워드에 잘 담아낼 수 있을지를 진지하게 고민해 볼 필요가 있습니다.

책 한 권을 통째로 요약한다고요?

이번에는 요약하는 방법을 생각해볼까요? 요약은 공부할 때 가장 필요한 작업입니다. 아무렇게나 요약해서는 맥락을 찾아낼 수 없어요. 연습이 필요한 거죠. 이전에 이야기했던 대로 한 장을 읽고 하나의 키워드를 찾아볼까요? 이미 익숙해졌다면 책의 한 챕터를 읽고 키워드를 하나씩 찾는 연습을 해보면 됩니다. 조금 수월하게 적용할 수 있습니다. 키워드를 몇 가지 뽑아두고 거기에서 선별하면 되기 때문입니다.

요약하는 연습도 많이 해보면 늘어요. 갑자기 어려운 책을 요약하려면 쉽지 않거든요. 짧은 글을 읽고 요약하는 연습을 해보면 됩니다. 신문기사가 딱 좋아요. 신문기사는 하나의 주제로 쓰여 있습니다. 일목요연하게 정리되어 있기도 하니까요. 시간순으로 쓰여 있는 때도 있고요. 이 내용을 요약해 보면 연습할 수 있습니다. 스마트폰으로 기사를 읽으면 버스나 지하철들의 대중교통을 이용해도 가능하고요.

어느 정도 연습이 되었으면 책을 읽어볼까요? 책을 읽고 요약을 하다 보면 어려움이 생기게 됩니다. 이 내용도 중요해 보이고 저 내용도 중요해 보이는 거죠. 이때 과감히 선택해야 합니다. 이 키워드를 선정했을 때 어떻게 하면 선택하지 않은 내용까지 생각할 수 있을지에 관한 고민을 해야 합니다. 이 과정이 공부예요. 머릿속에 책에 있는 모든 내용을 욱여넣는 것이 아니고요.

요약을 하나의 단어로 표현하면 키워드입니다. 책 한 권을 요약할 때 하나의 키워드를 찾아봅니다. 키워드를 내 생각과 연결하는 순간 공부가 됩니다. 자주 반복하면 어렵지 않게 기억할 수 있게 되거든요. 내가 필요한 지식과 연결할 힘이 되기 때문입니다. 나머지는 버립니다. 과감히 버려야 해요. 이래서 필요하고 저래서 필요하다고 모든 것을 기록한다고 생각해볼까요? 결국, 새로운 정보를 기억하지 못하게 됩니다.

우리의 삶도 똑같아요. 물건에 담긴 추억들 때문에 한구석을 비우지 못하는 경우가 많습니다. 새로운 것을 받아들이기 위해서는 버려야 해요. 덜어낼 것은 덜어내고 필요한 것만 담아야 하고요. 집 청소를 할 때도 버리는 것부터 해야 정리가 되는 것처럼 말이죠. 필요 없는 것이 있다면 당근에 팔든 중고매장에 파는 것도 좋겠네요. 누구도 필요가 없을 거로 생각하면 버리면 됩니다. 키워드를 뽑아내는 것처럼 필요한 것만 선별해서 사용하고요.

7.

나의 일상은
가장 좋은 참고서입니다

공부에도 순서가 있다

책을 읽었는데 내용이 파악되지 않고, 요약도 되지 않는 경우가 있습니다. 강의를 들었는데 당최 무슨 말인지 머릿속에 들어오지 않기도 하고요. 무엇이 문제일까요? 생각해볼게요. 공부할 때는 남이 써둔 책을 읽거나 다른 사람이 이야기하는 강의를 듣습니다. 물론 대화하고 일상 속에서 공부가 되기도 하죠. 일상에서의 공부든 일반적일 때든 공부를 하려면 '자기화'의 과정이 있어야 해요. 생각해야 공부가 되니까요.

모든 공부는 생각이 필요합니다. 앞서 남이 작성한 요약 노트가 머릿속에 들어오지 않는 이유를 이야기했잖아요? 나의 방식대로 생각하지 않았기 때문입니다. 모든 사람은 인지구조가 달라요. 자라온 환경도 다르고요. 당연히 생각하는 방식이 같은 사람은 없습니다. 나만의 방식으로 생각해야 합니다. 생각한 것을 기록하는 과정에서 공부가 이루어져요. 결과적으로 기록을 찾아보지 않아도 기억이 되는 거죠.

생각한 것을 기억할 때 해야 할 일이 있습니다. 키워드에 의미를 담아야 합니다. 키워드 메모를 잘하려면 어떻게 해야 할까요? 나만의 의미를 담아봅니다. 내가 생각한 것을 압축해서 담아야 합니다. 이 과정에서 공부가 됩니다. 단기기억이 장기기억으로 변화하고요. 너무 간단하게 말해서 아닌 듯하지만, 실제 그렇습니다. 천천히 생각해볼까요? 어떻게 하면 공부를 잘할 수 있을지 말이에요.

혹시 지금 공부하는 것이 너무 어렵거나 강의를 들어도 모르겠다면 이것을 점검해 보아야 합니다. 모든 공부는 진행하는 순서가 있습니다. 순서도 간단해요. 쉬운 것부터 어려운 순서로 접근해야 하는 거죠. 용어 정리를 먼저 하고 내용을 파악하는 것도 좋고요. 순서를 지키지 않으면 무슨 말인지 이해가 안 되는 경우가 있습니다. 용어는 그 말의 의미를 압축해서 담거든요. 용어 자체를 모르면 당연히 머릿속에 들어오지 않아요.

책을 읽을 때나 강의를 들을 때 꼭 기억해야 할 것이 있습니다. 나의 수준을 생각해봅니다. 성인이라고 하더라도 영역에 따라 수준이 높기도 하고 낮기도 하거든요. 각자 관심 분야가 다르기 때문이죠. 부끄러워할 필요도 없습니다. 내가 잘 모르는 분야에 관한 공부가 필요한 때도 있어요. 입문서부터 접근해서 차근차근 공부하면 됩니다. 시간이 오래 걸릴 것 같은 생각이 들기도 하는데요. 기초 없이 어려운 것부터 하는 것보다 시간이 덜 걸립니다.

나의 일상은 가장 좋은 참고서입니다

책을 읽을 때만 기록이 필요한 것은 아닙니다. 삶을 살아가면서 경험한 것도 기록으로 남겨둘 필요가 있어요. 글로 기록하기 어려운 상황이라면 사진으로 찍어두면 됩니다. 나중에 시간이 날 때 사진을 보면서 기억나는 것을 글로 남겨두면 되거든요. 블로그에 포스팅하듯이 말이죠. 누군가에게 보여주지 않더라도 나만 볼 수 있어도 됩니다. 나의 삶을 기록하는 것은 나를 발전시킬 방법이기 때문이죠.

아침에 일어나서 어떤 일부터 해야 할까요? 플래너를 작성합니다. 하루의 일과 중에서 가장 중요한 것부터 기록해 봅니다. 물론 이때는 시간순으로 기록합니다. 그중에서 가장 중요한 일을 선택해서 순서를 매기는 거죠. 중요한 일을 할 때 어떻게 전략적으로 접근할 것인지에 관한 생각도 함께 기록해둡니다. 미리 머릿속으로 시뮬레이션을 해보는 거예요. 상황을 준비 없이 맞이하는 것보다 수월하게 접근하고 해결할 수 있습니다.

계획한 일이 실제로 적용할 때 생각대로 되지 않는 예도 있습니다. 다양한 경험이 중요한 이유입니다. 삶을 살아가면서 여러 영역에서 다양한 경험을 해보아야 합니다. 막상 어떤 일을 해보지도 않고 결정하는 사람들이 있습니다. 어떤 일이든 일단 실행해 보아야 합니다. 행동으로 옮기면 실패하든 성공을 하든 나의 경험으로 남습니다. 현명한 사람은 시도조차 하지 않고 포기해버리는 어리석음을 경험하지 않아요.

일상을 경험하고 기록하는 것이 어렵게 느껴질 수 있습니다. 이때는 구분하면 됩니다. 교과서의 과목을 나누듯이 말이죠. 국어, 영어, 수학, 과학 등등과 같이 비슷한 영역으로 묶으면 됩니다. 하는 일, 사람들과의 관계, 쉼과 놀이 등등으로 구분해서 우선순위를 매겨두면 의외로 쉽게 접근할 수 있습니다. 이 과정에서 내가 흥미를 느끼고 있는 분야를 알 수 있어요. 어떤 것을 좋아하고 어떻게 살아가는지도 세분화할 수 있게 되는 거죠.

자기 자신을 객관적으로 파악하기는 어려워요. '메타인지'를 반복해서 강조하는 이유거든요. 먼저 나 자신을 알고 다른 사람을 알아야 합니다. 변화하는 세상을 느낄 수 있어야 하고요. 그래야 객관적으로 볼 힘이 길러집니다. 대부분 사람은 주관적일 수밖에 없는 이유입니다. 내가 가진 생각과 경험으로 세상을 바라보기 때문이죠. 끊임없이 자기 계발을 해야 하는 이유입니다.

나의 내면을 발견하는 메타인지 여행 두 번째 발걸음, **책과 나의 일상 연결하기**

1. 나의 일상은 어떤가요?

_____

_____

_____

2. 나에게는 무엇이 필요한가요?

_____

_____

_____

3. 나는 어떤 삶을 살고 싶어하나요?

_____

_____

_____

4. 나는 누군가에게 도움을 줄 수 있는 능력이 있나요?

_____

_____

_____

메타인지 찾기

나의 잠재성을 계발하기 위한 방법은 어떤 것이 있을까요?

_____

_____

_____

_____

나의 내면을 발견하는 여행, 메타인지의 세계로

나와 다른
사람과의
관계 확인하기

1.

조금씩,
꾸준함이 답이다

작은 것도 소중하게 느껴보아요

기록은 여러 가지 방법이 있습니다. 계획을 기록하는 방법, 하루의 일상을 기록하는 방법, 사건을 중심으로 기록하는 방법, 어떤 것의 사용법을 기록하는 방법 등등이죠. 그중에서 하루의 일상을 기록하는 것이 필요한 이유를 살펴보겠습니다. 매일의 일과가 모여서 삶을 유지할 힘이 될 수 있으니까요.

사람들이 생활하다 보면 이런저런 생각을 하게 됩니다. 부족한 점을 파악할 수 있기도 하죠. 무언가 깨달음이 있기도 하고요. 반성하기도 합니다. '어떤 점은 보완했으면 더 좋았을걸.' 하면서 후회를 하기도 하고요. 다양한 상황이 발생합니다. 이때 기록을 하지 않으면 어떻게 될까요? 기억에 남지 않습니다. 얼마의 시간이 흐르면 '내가 이런 일이 있었나?' 하는 생각까지 들죠.

기록하는 이유는 무엇일까요? 나중에 기억하기 위해 메모를 한다는 이야기를 하기도 합니다. 잠깐 생각해보세요. 메모하면서 어떤 상황이 압축된다는 느낌을 받지 않으시나요? 머릿속에 이 상황이 요약 정리되는 느낌이요. 나중에 메모된 것만 보아도 기억이 나게 됩니다. 나중에 메모를 보려고 하는 것이 아니라 기록하면서 기억이 나게 되는 거예요.

평판은 사람의 됨됨이를 말합니다. 한 사람에 관하여 다른 사람이 평가하는 말이죠. 이런 평판을 가진 사람들이 있어요. '정말 꾸준한 사람이야.' 또는 '성실한 사람이야.' 이런 평가를 받는 경우죠. 이런 꾸준함과 성실함은 어디에서 나올 수 있을까요? 끈기를 가지고 끝까지 밀어붙이는 능력이요. 기록에서 나옵니다. 자기 생각을 기록하는 과정에서 자연스럽게 다듬어지는 겁니다. 반성과 재도전도 역시 꾸준함으로 이어질 수 있거든요.

작은 것의 소중함에 관한 이야기를 한 적이 있어요. 하루하루 있었던 일을 기록하면서 우리의 뇌는 행복감을 느낄 수 있습니다. 일상 속에서 소소한 것들이 모두 행복할 수 있는 상황이라는 거죠. 의식적으로 행복과 연결해봅니다. 작은 것에서 행복을 잔잔하게 느끼는 것이 더 행복할 수 있습니다. 삶의 의미를 이런 것에서 발견하는 거예요.

번아웃에서 탈출하고 싶으신가요?

전문가는 일을 잘하는 사람을 말합니다. 어떤 일에 뛰어난 사람을 말하기도 하죠. 전문가의 측면에서 보면 다른 사람들보다는 잘하는데 비판적으로 보는 사람이라고 볼 수도 있겠네요. 어찌 보면 불만이 많고 불평이 많은 사람이요? 이렇게 관점과 해석하기에 따라 평가가 달라집니다. 긍정적인 생각을 해야 한다는 말씀드린 적 있죠? 행동으로 나타나게 된다고요. 어떻게 하면 긍정적인 생각을 할 수 있을까요?

'번아웃 증후군'이라는 말 들어보셨나요? 일을 열심히 하던 사람이 스트레스를 받고 일에서 손을 떼는 경우를 말합니다. 정신적으로 피로함을 느끼게 되는 거죠. 이렇게 소진되지 않으려면 어떻게 하는 것이 좋을까요? 취미 생활을 해보세요. 흥미를 느끼는 일에 몰두해 보는 것이 좋습니다. 동호회 활동이나 강의를 들어보는 것도 좋고요.

다른 곳에서 몇 번 말씀드린 적이 있습니다. 저는 커피를 좋아합니다. 바리스타 자격증과 커피 지도사 자격증도 따두었지요. 자격증을 취득하는 과정에서 만나게 된 사람들도 많이 있습니다. 이분들과 만나면 힐링할 수 있는 시간이 됩니다. 제가 하는 일에 관한 것은 잠시 잊을 수도 있죠. 물론 제가 하는 일 하고는 전혀 관계가 없지는 않습니다. 그렇다고 직접적인 관계가 있는 것도 아니거든요.

가끔 동호회 활동도 합니다. 시간 날 때 비포장도로를 자동차로 달려보기도 하거든요. 험로를 주행하는 건 아닙니다. 임시도로 정도 주행해 보는 거죠. 일상에서 탈출해 보는 겁니다. 적당한 긴장감과 재미를 느낄 수 있어요. 다른 분야에 흥미를 느끼면서 성장하는 것을 느끼기도 하죠. 모르는 것을 알아가는 재미를 느낄 수도 있고요. 나의 잠재성을 발견하고 성장을 느끼고 싶으신가요? 어떤 일에 흥미를 느끼고 있다면 도전해 보세요.

스트레스를 받지 않고 살아가는 방법은 없습니다. 삶을 살아가면서 이런저런 일은 생기게 마련이거든요. 적당한 스트레스는 나의 삶에 도움이 됩니다. 너무 걱정만 하지 않으면 말이죠. 삶을 살아가는 이유를 찾고 싶으신가요? 그러면 취미 생활을 해보세요. 좋아하는 것을 찾아보시는 것도 좋고요. 내 안에 숨겨진 재능을 찾아보는 건 어떨까요?

조금씩, 꾸준함이 답이다

요즘 주식 투자하시는 분들 많으시죠? 혹시 저에게 배우실래요? 제가 아주 잘 가르쳐 드릴 수 있습니다. 단, 조건이 있어요. 저와 반대로 하셔야 돈을 벌 수 있답니다. 저는 지금까지 제대로 된 수익을 낸 적이 없거든요. 주식 투자도 전략적으로 해야 합니다. 이 단순한 진리를 알면서도 왜 수익을 내기 어려운 걸까요? 어떻게 하면 전략적으로 투자할 수 있을까요?

한때 '운도 실력이다.'라는 말이 유행한 적이 있었어요. 운이 어떻게 실력인가요? 운이 따라오기 위해서는 어느 정도의 기반이 갖춰져 있어야 합니다. 한두 번 정도는 운으로 작용했다고 하더라도 이후부터는 실력이 있어야 유지할 수 있습니다. 대부분 사람은 목표 지점에 다다르면 이후부터는 자유롭게 넘나들게 되니까요. 완전히 틀린 말은 아닙니다.

무술 하는 사람들을 살펴볼게요. 장기간의 준비과정을 거칩니다. 높은 나무를 넘는 장면을 본 적이 있어요. 처음부터 높은 나무를 넘는 기술을 가지고 있지는 않았겠죠? 쉽게 준비를 하려면 이렇게 하면 됩니다. 작은 묘목을 심어두세요. 하루에 일정 횟수를 넘나드는 훈련을 합니다. 시간이 흐르면 나무가 자라죠. 나무의 높이가 낮을 때부터 연습했기 때문에 어려움 없이 넘나들 수 있게 됩니다.

어떤 일이든 조금씩 꾸준히 해야 합니다. 끈기를 가지고 진행하다 보면 어느 순간 고수가 되어있기도 합니다. 내가 하는 일에 자부심을 느끼고 진행해 보세요. 실력자는 갑자기 만들어지지 않습니다. 조금씩 노력하다 보면 언젠가 이루어지는 거죠. 이런 이야기를 할 때마다 드는 예가 있습니다. 물은 절대 섭씨 100℃ 이하에서는 끓지 않아요.

어떤 일을 하다가 결과가 보이지 않는다고 중간에 포기하는 때도 있습니다. 조금만 더하면 무조건 되는데 말이죠. 그동안의 노력에 비해 얻어지는 결과가 시원치 않으니 포기하게 됩니다. 마지막 하나만 완성하면 되는 걸 알고 있다면 포기할까요? 조금만 더하면 되는데 포기하는 걸 지켜보면 안타깝기도 합니다. 모든 과정을 다 이수했는데 하나의 관문을 통과하지 못하는 경우 말이죠. 살다 보면 이런 경우가 꽤 많이 있어요. 여유를 가지고 조금만 더 투자해 보는 건 어떨까요?

2.

루틴을 만들고
실행해보세요

생각은 '나다움'을 찾아줍니다

몰입해서 공부해야 한다면 어떻게 해야 할까요? 주변에 공부하는
사람들을 살펴볼까요? 스마트폰을 꺼두거나 전화 연락이 되지 않는
사람들도 있어요. 다른 생각을 하지 않도록 자신을 통제하고 관리합
니다. 이런 행동들도 몰입해서 공부하는 데 도움이 됩니다. 주변에서
나를 자극하는 환경을 만들지 않을 수 있기 때문이죠. 갑자기 전화해
서 "한잔하려는데 나와." 이런 전화는 받지 않을 수 있으니까요.

공부하려면 최소한 자기관리가 필수입니다. 나의 삶을 통제하고
지배해야 합니다. 누군가의 의도에 의해 끌려다니면 안 됩니다. 나를
정확히 알고 활용할 수 있도록 해야 해요. 내가 알고 있는 것과 모르

고 있는 것을 파악할 수 있도록 준비할 필요도 있습니다. 이런 준비를 하려면 생각을 해보는 것이 좋아요. 공부에도 계획이 필요한 이유죠. 최소한 일정에 맞춘 공부를 진행해야 자격증이든 시험이든 좋은 성적을 받을 수 있습니다.

공부할 때도 생각이 필수입니다. 누구나 공부를 할 때는 책을 읽거나 강의를 듣게 되잖아요? 읽기와 듣기를 통해 받아들인 정보는 생각을 통해 확장됩니다. 나의 언어로 표현할 수 있을 때 글을 쓰거나 말해보세요. 공부의 원리는 의외로 단순하거든요. 단, 생각의 과정이 빠지면 공부가 된 것은 아닙니다. '무의미 철자 학습'으로 남을 것인가? 아니면 '나의 지식'으로 활용할 것인가? 생각해보세요.

생각할 때는 어떻게 해야 할까요? 먼저 계획을 세워봅니다. 처음에는 구체적이지 않더라도 대략의 계획을 세우면 됩니다. 어차피 진행해 보면 계획과는 다른 변수가 나타나니까요. 시행하면서 조금씩 수정하면 됩니다. 이 과정에서 자연스럽게 실행하고 생각하게 됩니다. '오늘은 다르게 진행해 볼까?'라는 생각이 들기도 하고요. 이 과정에서 경험이 쌓입니다.

계획을 통한 실행과 자기성찰은 생각과 경험을 얻을 수 있습니다.

다양한 경험은 다양한 생각을 하게 만들어 줍니다. 다양한 생각은 나의 지식의 영역을 확장해 주기도 합니다. 어떻게 하면 체계적으로 생각하고 경험할 수 있을까? 조금씩 의문을 가지고 풀어가 보자고요. 알고 있다고 하더라도 실행하지 않으면 나의 지식이 아닙니다. 지금 바로 실행해야 하는 이유입니다. 계획부터 세워볼까요? 바로 지금 시작해 봅시다.

루틴대로 살아볼까요?

요즘 루틴을 만들고 생활하는 사람들이 많이 생겼습니다. 의식하지 않아도 움직일 수 있으려면 반복해서 움직여 보아야 합니다. 습관에 가깝죠. 내가 의도한 패턴을 반복해서 진행해야 합니다. 처음에는 조금 힘들어요. 시간이 지나면 점차 익숙해지고 몸이 기억하게 됩니다. 몸이 기억하면 그때부터는 힘들이지 않고 패턴을 이어갈 수 있습니다. 조금씩 루틴으로 굳어지는 거죠.

하루의 일과도 순서대로 이렇게 해봅니다. 아침에 일어나서 플래너를 작성해보세요. 글을 쓰고, 가볍게 조깅도 해봅니다. 샤워한 이후에 책을 30분 정도 읽고요. 중간중간에 필요한 것이 있다면 기록으로 남겨둡니다. 이때도 키워드 메모를 꼭 해보세요. 기록하는 과정에서 기억이 됩니다. 자연스럽게 루틴이 될 수 있어요. 루틴화된 일상은 나를 발전시키는 원동력이 됩니다.

　루틴을 가지고 움직이면 어떤 점이 좋을까요? 여러 가지를 한꺼번에 하다 보면 분주하게 보이기도 합니다. 루틴대로 움직이면 힘을 들이지 않고 일정한 일을 할 수 있습니다. 매일 같은 시간에 글을 쓰면 몸이 알아서 움직이거든요. 매일 조금씩 같은 시간에 같은 일을 하는 것이 몰아서 하는 것보다 효율적이기도 합니다. 방학 숙제를 한꺼번에 몰아서 할 때 별거 아닌 거로 스트레스받은 기억이 있지 않으신가요?

　루틴을 설정하려면 어떻게 해야 할까요? 나의 일상에서 필요한지 아닌지를 판단해야 합니다. 나에게 필요한 패턴이라면 어떻게 넣을지를 생각해보아야 합니다. 주 관심사로 넣을 것인지 아니면 중간중간 잠시간에 진행할 것인지 말이죠. 잠시간에 자기 계발 영상 시청과 같은 일을 하면 중간중간 비는 시간에도 효율적으로 보낼 수 있습니다. 물론 영상 시청을 할 때도 키워드 메모를 잊어서는 안 됩니다.

　매일 같은 패턴으로 생활을 하다 보면 오히려 쉽게 지치기도 합니다. 같은 패턴으로 움직이더라도 조금씩 변화를 주는 것도 하나의 방법이에요. 같은 시간에 독서를 하더라도 읽는 책의 분야를 달리하거나 영역의 변화를 주는 것도 좋습니다. 행동하는 것과 생각하는 것에 조금씩 변화를 주면 됩니다. 루틴을 가지고 살아가는 것은 나의 삶을 변화시킬 수 있는 원동력이니까요.

루틴을 만들고 실행해보세요

루틴을 설정하는 이유는 무엇일까요? 하루하루 규칙적인 생활을 하는 것이 목적일까요? 아닙니다. 꿈을 설정하고 이루어나가기 위함이죠. 모든 것이 조금씩 쌓인 지식이 능력이 됩니다. 루틴을 설정하기 전에 꿈을 설정해야 하는 이유이기도 합니다. 무턱대고 루틴만 설정해 보아도 금방 좌초하게 됩니다. 목적이 없기 때문이죠. '작심삼일'이 되고 마는 겁니다.

그렇다면 꿈은 어떻게 설정해야 할까요? 내가 지금 할 수 있는 것을 설정하면 안 됩니다. 금세 달성할 수 있는 꿈이기 때문입니다. 내가 할 수 있는 것보다 조금 높은 수준으로 설정하는 것이 좋습니다. 목적을 설정하고 조금씩 달성하는 데 필요한 노력을 해야 합니다. 꿈을 바탕으로 목적을 설정하고 세부적인 목표를 세워봅니다. 목적을 달성하는데 필요한 목표를 잘게 쪼개는 것이 좋습니다.

목표를 설정할 때는 달성 가능한 목표를 세워야 합니다. 현실적으로 불가능하거나 너무 높은 장벽이 있다면 성공하기 어렵습니다. 반복된 실패는 '학습된 무력감'을 가지게 하거든요. 달성 가능한 목표를 계속해서 성공해 나갈 수 있도록 노력합니다. 그냥 노력하는 것이 아니라 내공을 쌓아야 합니다. 조금씩 성공하면서 자존감도 상승하게 되거든요. 나는 모든 것을 할 수 있다는 자신감도 함께 상승합니다.

지금까지 이야기한 내용을 정리해 볼까요? 우리는 꿈을 가지고 살아가야 합니다. 이 꿈의 달성은 하루아침에 이루어지는 것이 아니에요. 꿈을 이루기 위한 목적을 설정하고 세부적인 목표를 만들어나갑니다. 하나하나 목표를 달성하기 위해 루틴이 필요해요. 루틴과 습관은 비슷한 듯하지만 다릅니다. 루틴은 의도적으로 설정하는 것이고 습관은 의도하지 않아도 스스로 진행되는 거죠.

결론은 루틴이 습관이 되어야 합니다. 그래야 인생을 즐기면서 살 수 있어요. 누구나 일을 하는데 누군가 시키는 느낌이 들면 하기 싫어지잖아요? 자기 스스로 하는 것이 좋습니다. 스스로 저절로 할 수 있다면 더욱 좋을 거 같지 않으세요? 루틴이 습관이 될 수 있도록 자신을 찾아보는 것이 좋습니다. 나다움이 무엇인지, 왜 꿈을 가져야 하는지에 관한 진지한 고민이 필요한 이유이기도 합니다.

3.

관계에도
메타인지가 필요합니다

나다움은 어떻게 찾나요?

우리는 크든 작든 꿈을 꾸며 살아갑니다. 내가 꿈꾸던 직업을 어느
순간 가지게 되었을 때 고민이 시작되죠. 준비하던 시험을 준비하고
합격만 하면 세상을 다 얻을 것 같기도 합니다. 합격증 받아들고 신
규 연수받으면 성공이라고 생각하게 되기도 하고요. 그러나 현실은
녹록지 않습니다. 막상 일을 시작하려고 하면 고생이 시작되죠. 예상
하지 못한 일들이 펼쳐지니까요.

이 일과 내가 맞는다고 생각이 들면 아무 문제가 일어나지 않습니
다. 행복하게 일을 즐기면서 실행할 수 있습니다. 재미와 흥미를 느끼
며 적극적으로 활동하는 경우입니다. 문제는 반대의 경우도 꽤 많이

있습니다. 어렵게 시험을 준비하고 통과했는데 막상 겪어보니 내가 꿈꾸던 상황과는 다른 것을 알게 되는 경우죠. 생각과 이상이 같을 수는 없거든요. 막연하게 아는 것과 경험으로 아는 것의 차이입니다.

예전에는 학생들이 공부하고 나온 성적에 맞추어 대학에 진학했어요. 대학에서의 학점과 성적에 맞추어 진로를 결정하는 경우가 대부분이었죠. 나를 사회에 맞추는 경로로 진로를 설계했습니다. 요즘은 어떤가요? 가지고 싶은 직업을 설정하고 준비하는 데 필요한 경로를 학생이 설계합니다. 관련한 과목을 수강하고 필요한 경력을 쌓고요. 중학교의 자유학기제나 고등학교의 고교학점제도 이런 맥락이에요.

누구나 나다움을 찾는 것이 중요합니다. 꿈을 설계하고 어렵게 직업을 가졌는데 나와 맞지 않는다면 어떨까요? 정말 슬픈 현실입니다. 물론 나와 맞지 않아도 잘 갈고닦으면 언젠가는 맞출 수 있어요. 그런데 정말 안 맞는 것을 느꼈다면 어떻게 할까요? 흥미를 느끼고 있는 방향으로 취미를 가져보는 것도 좋습니다. 취미로 시작한 일로 사업체를 꾸리고 성공하는 사람들도 많이 있으니까죠.

내가 좋아하는 방향으로 취미를 찾았을 때는 어떻게 할까요? 실행을 바로 하는 경우 위험부담이 큽니다. 성공한다는 보장이 될 때까지 능력을 갈고닦아야 해요. 능력이 실력이 되었을 때 그만두어도 늦지 않으니까요. 다양한 방법으로 나의 잠재력을 이끌 방법을 찾아보세요. 이후에 다른 진로를 선택해도 됩니다. 이 직업을 가지기 위해 수많은 어려움을 극복하는 과정에서 이미 맞춰져 있을 수 있거든요. 생각을 조금만 바꿔보세요.

관계에도 메타인지가 필요합니다.

메타인지란 자신이 아는 것을 정확히 알고, 모르는 것을 파악하는 능력을 말합니다. 메타인지가 뛰어난 사람은 사리 판단이 빠르고 정확하기도 합니다. 상황을 객관적으로 파악하니까요. 다른 사람과 만날 때에도 메타인지 능력이 필요합니다. 나의 정확한 상태를 알고 있어야 다른 사람에게 상처를 주지 않을 수 있어요. 반대로 내가 상처받지 않을 수도 있고요.

진정한 나다움은 어떻게 찾을 수 있을까요? 자신을 객관적으로 알고 판단할 수 있어야 합니다. 메타인지로 판단해야 하는 거죠. '삶의 주인공은 나'라는 생각으로 살아가야 합니다. 내가 좋아하는 것, 잘하는 것을 판단하고 잘 활용할 수 있도록 해야 합니다. 자신의 능력을 키워나가는 것도 메타인지를 통해 더욱 발전시킬 수 있습니다.

다른 사람과의 관계도 메타인지 능력이 필요합니다. 다른 사람이 어떻게 생각하고 있는지를 파악하는 능력이 있어야 합니다. 관계성이 뛰어난 사람을 살펴볼까요? 자기 생각과 다른 것을 공감하고 함께 이야기하며 소통합니다. 메타인지를 활용하면 어떻게 관계를 관리할 수 있을까요? 다른 사람은 어떻게 생각하고 있는지 알고 이야기하는 것과 모르고 상대를 대하는 것은 큰 차이를 보입니다. 나의 감정에도 솔직할 필요가 있습니다. 혹시 이용만 당하는 것은 아닌지 부당한 대우를 받는 건 아닌지도 확인해보아야 하고요.

다른 사람의 기분에 모든 것을 맞출 필요는 없습니다. 내 생각과 다르면 내 생각은 다르다는 것을 이야기할 필요가 있죠. 자기 주도적인 성향이 강한 것으로 비칠 수도 있습니다. 단호하게 생각을 전달해보세요. 그렇다고 싸우라는 것이 아니고요. 내 생각은 이렇다고 말해보는 겁니다. 내 생각을 정확히 전달하면 상대방도 생각이 다름에 관하여 생각하게 됩니다. 조금 여유를 가지고 지켜보세요.

관계 지도를 그려보세요

'로또' 아시죠? 복권인데요. 1등을 하면 꽤 많은 금액을 받습니다. 주 단위로 추첨을 하죠. 저도 가끔 구매합니다. 지갑 안에 로또 한 장

들어있으면 기대감도 생기곤 하거든요. 잠깐만 생각해보자고요. '1등 하면 그 돈으로 뭐 하지?'라고요. 이런 생각해보면 잠시라도 행복하지 않으세요? 로또를 사는 분들은 대부분 비슷한 생각을 가지고 계실 거예요.

문제는 로또에 당첨되는 확률이 낮아요. 잘 맞지 않습니다. 사실 지금까지 로또를 구매한 돈이 더 많이 들어갔습니다. 돌려받은 돈은 거의 없어요. 로또에 당첨되어 수익을 받는 사람이 적게 설계된 게 당연하죠. 가끔 다른 사람과 의견이 잘 맞지 않을 때 이런 말을 하기도 해요. "로또 같은 존재야."라고요. 물론 농담으로 하는 이야기죠. 사람들과의 관계도 잘 맞으면 좋겠는데 그렇지 못한 경우도 많습니다.

서로가 긍정적인 관계를 유지하고 있다면 문제가 생기지는 않습니다. 생각이 비슷할 수도 있고요. 많은 경우 누군가가 맞춰주고 있는 경우이기도 합니다. 서로를 너무 잘 알아서 조금씩 양보해 주고 있는 예도 있고요. 긍정적인 관계가 유지되지 못하면 관계가 틀어지고 말아요. 이해관계로 만나게 되는 예도 있고요. 기대하고 있는 만큼의 피드백이 없으면 더욱 그렇겠죠?

주변에 사람이 없으면 외로움을 느끼는 때도 있습니다. 반드시 어떤 무리에 들어가야 하는 예는 없어요. 내가 생각하고 있는 것과 다른 무리에 들어가서 스트레스를 받을 필요는 없거든요. 그런 관계를 유지하다 보면 좋지 않은 결과가 나오기도 합니다. 사람의 생각이 바뀌기 시작하면 행동으로 나타나거든요. 정신건강에도 좋지 않습니다.

주변에 자주 만나는 사람들이 있다면 나와의 관계를 지도로 그려 보세요. 모든 사람을 같은 방법으로 만날 수는 없습니다. 나와의 관계가 가까울 수도 있고 멀 수도 있는 거죠. 이 사람과는 가까이에서 지내고 다른 사람과는 적당한 거리를 두는 겁니다. 서로의 관계를 설정해 두면 상처받지 않을 수 있어요. 이해하기도 좋고요. 조금씩 변화하는 관계를 반영해서 점차 적용하면 되거든요. 사람들과의 관계에 관하여 생각해보는 시간을 가지면 어떨까요?

4.

당신은 존중받아야 할
사람입니다

오해를 이해로 바꿔볼까요?

많은 직업의 특징을 살펴보면 공통점이 있습니다. 이타성이 필요하다는 것이죠. 직업을 잘 생각해보면 답이 있습니다. 모든 일을 직접 할 수는 없잖아요? 누군가의 도움이 필요한 것을 대신해 주는 것이 직업입니다. 나의 일을 대신해 주고 돈을 버는 구조로 되어 있죠. 이타성은 다른 사람을 생각하고 도움이 될 수 있는 방향으로 설정하게 됩니다.

다른 사람을 위해 일하고 있는데 '나는 대접받지 못한다.'는 생각을 가지게 되는 경우가 있습니다. 이용당하기만 한다고 생각하게 되는 거죠. 자신의 생활 방식에 관하여 곰곰이 생각해 볼 필요가 있습니다. 다른 사람들과 어떻게 지내고 있는지에 관한 것도 점검해 볼 필요가 있죠. 관계 설정이 중요한 이유입니다.

다른 사람들의 행동에 상처를 받으셨나요? 혹시 내가 잘못 해석하고 있지는 않았는지 고민해 볼 필요도 있습니다. 상대방은 그럴 의도가 없었는데 오해하게 되는 거죠. 나 혼자만 상처받게 되는 때도 있어요. 대화를 통해 확인해보는 것도 좋습니다. 오해가 아닌 이해로 바꾸는 거죠.

과거에 얽매일 필요도 없습니다. 현재도 끊임없이 과거로 바뀌거든요. 지금 글을 쓰고 있는 이 순간에도 계속 지나간 일이 되고 있잖아요? 순간순간 최선을 다하는 거예요. 나에게는 긍정적인 미래가 다가올 것이라는 생각하고 있으면 됩니다. 긍정적인 생각은 현실로 다가옵니다.

진정한 나다움을 찾으려면 어떻게 해야 할까요? 다른 사람들과 함께할 때는 어떻게 해야 할까요? 나의 의견과 다르다고 해서 너무 마음에 담아두지 마세요. 마음의 상처로 남게 될 수 있으니까요. 주변에 나에게 힘을 북돋워 줄 소중한 친구가 있다면 그 친구와 시간을 보내보는 것도 좋습니다. 가끔이라도 충전할 기회를 얻게 될 테니까요.

우울하다면 도움을 요청해보세요

최근 유명인들의 안타까운 뉴스를 접했습니다. 잊을 만하면 나오는 뉴스죠. '얼마나 힘들었을까?' 하는 생각도 하게 됩니다. 그런가 하면 '선택지가 그렇게 없었나?' 하는 생각도 들게 되죠. 우울감을 느끼게 되는 경우 이른 시간 안에 상담과 치료를 받아야 합니다. 혼자서 삭히게 되면 우울감이 점차 높아져서 좋지 않은 결과로 이어질 수도 있거든요.

운동선수들을 살펴볼까요? 공격 역할을 하는 사람들과 수비 역할을 하는 사람들이 있습니다. 어떤 역할을 하는 사람들이 우울감을 더 느끼게 될까요? 공격하면 자신의 의도를 표출하게 됩니다. 수비하는 사람들도 살펴볼까요? 상대적으로 자신의 의도와 관계없이 방어해야 하는 상황이죠. 혼자서 고민을 하게 되는 확률이 증가합니다. 종목을 가리지 않고 수비 역할을 하는 사람들은 조금 더 우울감을 느끼게 됩니다.

삶을 살아가면서 우울감을 전혀 느끼지 않을 방법은 없습니다. 내가 생각하는 것들을 표현하고 살아갈 필요가 있습니다. 혼자서 삭히지 말아야 해요. 누군가의 도움이 필요하다면 요청해보세요. 보기에는 무뚝뚝해 보이는 사람도 도와달라는 요청에는 응답해 줄 겁니다. 우리나라 사람들은 도와달라는 말에 거의 반응을 하거든요. 도움을 요청하는데도 안 도와준다면 과감히 손절하셔도 됩니다.

일상을 살아가면서 여러 가지 감정을 느끼게 됩니다. 기쁨과 슬픔, 화가 나기도 하고요. 때론 좌절하기도 하죠. 감정은 서서히 변해야 합니다. 갑작스러운 감정의 변동이 있어도 위험할 수 있어요. 갑자기 웃었다가 울기도 한다고 생각해보세요. 이상한 사람으로 생각하지 않을까요? 물론 연기를 하시는 분들은 큰 노력을 통해 가능한 일이기도 합니다.

주위를 살펴보면 평소에 기운이 넘치고 텐션이 높은 사람들도 있습니다. MBTI로 따지자면 E 성향의 사람들이죠. 이 사람들은 상대적으로 스트레스를 덜 받습니다. 자신의 요구를 표출하는 경우가 많으니까요. I 성향의 사람들은 시끄러운 것을 싫어하기도 합니다. 혼자 있을 때 에너지를 충전하는 사람이니까요. 서로의 장단점을 보완하면서 관계를 유지할 수 있도록 할 필요가 있어요. 나와 생각이 다른 게 틀린 건 아니잖아요?

당신은 존중받아야 할 사람입니다

학교에서 근무를 하다 보니 학생들을 데리고 체험학습을 해야 할 때가 있습니다. 이때 가장 신경 써야 할 것은 무엇일까요? 물론 일정, 버스 전세, 인솔, 안전 모두 중요합니다. 이것 외에 중점을 두어야 하는 것이 있어요. 바로 식사 메뉴입니다. 체험학습의 일정과 인솔이 완벽했다고 하더라도 식사가 부실하거나 부족한 경우는 학생들이 좋지 못한 평가를 하게 됩니다. 한창 많이 먹을 나이라서 그렇기도 하죠.

같은 광고도 포인트가 무엇인지, 어떤 것에 초점을 맞추고 있는지에 따라 효과가 달라집니다. 사람들의 느낌이 달라지는 겁니다. 같은 제품을 두고 시각만 다르게 표현했는데 대박이 나기도 하는 거죠. 무엇에 초점을 맞추고 있는지가 중요한 이유입니다. 사람들의 마음을 사는 방법은 어떤 것이 있을지도 생각해 볼 필요가 있어요. 느낄 수 있는 오감을 만족하면 감정을 움직이는 데 많은 도움이 됩니다.

서먹서먹한 사이도 함께 식사하게 되면 쉽게 친해지기도 합니다. 세미나 일정 중에 일부러 식사 자리를 만들기도 하죠. 가벼운 알코올도 함께 준비합니다. 알코올이 들어가면 더욱 친밀하게 만들어 주기도 합니다. 물론 적당량만 필요합니다. 뭐든지 너무 과하면 안 한 것보다 못하거든요. 큰 문제가 생길 수도 있습니다. 사람들과 친밀하다는 것은 어느 정도의 예의는 지켜주어야 하는 거죠.

존중은 서로를 높여주고 귀중하게 여기는 것을 말합니다. 다른 사람을 존중하면서 만나야 합니다. 자신의 감정에만 충실해서 다른 사람을 존중하지 않으면 나에게 되돌아오게 됩니다. 몇 년 전 총을 쏘는 사진을 전봇대에 붙인 광고가 있었어요. 결국, 총부리는 나의 뒤통수를 향하게 됩니다. 누군가를 저격하는 말과 행동을 하면 나에게 되돌아온다는 거죠.

다른 사람들과 함께 살아가는 세상입니다. 주변에 누군가의 위로가 필요한 사람이 있는지 확인해보세요. 말로 표현하지 않고 혼자만 삭히고 있는 사람이 있을 수도 있습니다. 따뜻한 말 한마디가 삶을 지탱할 수 있는 원동력이 되기도 합니다. 나의 이야기를 들어줄 누군가가 필요한 사람이 필요한 거거든요. 주변에 있는 사람들과 가벼운 농담이라도 주고받는 여유 있는 일상을 보내보는 건 어떨까요?

5.

경계를 넘으면
안전지대가 확장됩니다

아무리 친해도 적당한 거리가 필요합니다

가시는 바늘처럼 뾰족하게 생겼습니다. 발바닥이나 피부에 가시가 박혔다고 생각해보세요. 아찔합니다. 고통은 이루 말할 수 없고요. 가시가 박히면 어떻게 하나요? 빨리 빼내는 것이 가장 좋은 방법입니다. 시간이 지나면 곪아서 고름이 나오기도 하고요. 최악의 상황에는 살을 도려내야 할 수도 있습니다.

고슴도치 이야기를 해보려고 합니다. 겨울을 나게 된 고슴도치들이 있었습니다. 추우니까 웅크리고 자게 되죠. 가시가 돋친 밤송이와 같은 상태로 말이죠. 다른 고슴도치와 함께 뭉쳐 있다가 서로의 가시로 피해를 주는 것을 느끼게 됩니다. 조금씩 거리를 두기 시작했죠.

결국에는 고슴도치들은 서로의 체온을 느낄 수 있는 간격을 찾았습니다. 가시의 접촉은 최소화하면서 말이죠.

사람들을 만날 때도 적당한 간격이 필요합니다. 모든 사람의 간격이 같을 수도 없고요. 조금씩 차이를 두어야 하죠. 사람마다 다르게 설정해야 합니다. 다른 사람이 나를 어떻게 생각할지도 고려하면서 말이죠. 서로의 빈 곳을 찾아 보완해 주는 관계로 설정하고 살아갈 수 있도록 해야 합니다.

창은 송곳과 같이 구멍을 낼 수 있습니다. 어디든 마음만 먹으면 공격할 수 있는 무기이기도 하죠. 창을 막으려면 방패가 필요합니다. 방패는 뾰족한 것을 막아낼 수 있는 강도가 있어야 합니다. 잘못하면 뚫릴 수도 있어요. 치명적인 타격을 입게 되죠. 창이 날카롭냐? 방패가 튼튼하냐? 항상 중요한 문제입니다.

공감하며 소통하는 관계를 설정하고 싶으신가요? 서로 적당한 거리를 둘 때부터 시작합니다. 뭐든 적당한 게 좋죠. 사람들과의 관계도 적당한 것이 좋습니다. 너무 과하면 안 한 것보다 못합니다. 누군가에게 피해를 줄 수도 있거든요. 사회가 발전하려면 어떻게 해야 할까요? 서로 적당히 관계도 유지하면서 서로의 존재를 존중해 주어야 합니다.

경계를 넘으면 안전지대가 확장됩니다

동물원에 사는 동물들에 관해 생각해보겠습니다. 얼마 전 동물원에서 탈출한 얼룩말 '세로'를 기억하시나요? 얼룩말 부모가 죽고 방황을 하다가 울타리를 탈출한 건데요. 그런 세로가 안정을 찾으려는 방법을 찾았다고 합니다. 그건 바로 얼룩말 친구를 만들어준 것이에요. 그런데 친구 얼룩말 '코코'도 얼마 전 사망했다네요.

추운 날 아침 '이불 밖은 위험해.'라는 말로 표현하기도 하잖아요? 울타리 안에서 살아가는 것이 어떻게 보면 더 안정적인 공간이지 않을까요? 어떻게 보면 내가 설정한 울타리 안에서 살아가는 것을 추구하는지도 모릅니다. 그 안에 있으면 심리적 안정감을 느끼게 되니까요. 울타리 안이 편안하니까요.

도전은 새로운 것을 시도하는 겁니다. 도전하는 것이 거창한 것은 아닙니다. 내가 지금까지 해보지 않은 것을 시작하는 거죠. 울타리 밖으로 나오기 위해 노력하는 것도 하나의 도전입니다. 경계를 넘어 한계를 시험해 보는 거죠. 조금씩 시도해 보면 안전지대가 확장되는 것을 느낍니다. 할 수 있는 일이 조금씩 늘어나게 되는 거죠.

수학은 '나선형 교육과정'의 대표적인 과목입니다. 학년이 높아질 수록 문제가 어려워지잖아요? 수준을 높인 동일 내용의 반복이죠. 다음 단계의 문제를 풀지 못할 때 해결책은 무엇인가요? 바로 전 단계의 문제를 풀 수 있도록 연습을 해야 합니다. 조금씩 울타리 밖으로 나오는 거예요. 경계를 허물고 자유롭게 넘나들 수 있도록 말이죠.

다른 사람들과의 관계도 마찬가지예요. 처음 만난 사람과 갑자기 친해지기 어렵잖아요? 조금씩 내어줄 건 내어주어야 합니다. 이 과정에서 서로의 생각을 확인해보면서 친해지는 거죠. 사람들 사이에 이야기를 주고받다가 불편해지는 때도 있습니다. 경계가 만들어질 수도 있거든요. 서로의 생각을 공유하면서 안정적인 공간은 어디인지 확인해보는 과정이 중요해요. 사람들과의 경계를 넘어 자유롭게 공유할 수 있도록 말이죠.

관계를 유지하고 싶으신가요?

관계를 유지하는 게 어렵다는 이야기 많이 했었죠? 내 생각과 다른 생각을 하면 서로 힘들어지기도 합니다. 세상의 모든 문제는 다

풀어도 사람들 사이에 꼬이고 꼬인 일은 풀기 어렵기도 합니다. 서로의 감정이 들어가게 되기 때문입니다. 문제는 풀리더라도 감정이 남게 되는 거죠. 서로의 감정은 소통만 잘 되어도 풀리게 마련입니다. 소통을 잘하려면 어떤 방법이 필요할까요?

다른 사람과 내가 바라보는 관점이 비슷하면 말이 잘 통한다는 느낌을 받습니다. 생각이 잘 맞으면 소통이 잘된다고 느끼기도 하죠. 가까이 있는 사람 중에서도 이런 사람이 있습니다. 이야기를 많이 해보면 쉽게 알 수 있죠. 사람들의 성향에 따라서 혼자 있기를 좋아하는 사람도 있어요. 터놓고 말할 기회를 만들어 주는 것도 좋습니다.

서로의 관계가 느슨할 때도 있습니다. 느슨한 관계임에도 불구하고 소통이 잘 되는 때도 있어요. 추구하는 목표가 비슷한 거죠. 서로 조금씩만 맞춰가면 무언가 좋은 결과가 생길 듯한 느낌을 받기도 합니다. 소통은 작은 것에서 시작하잖아요? 조금씩 그 영역을 넓혀가면서 다양한 결과를 만들어 낼 수 있습니다. 1년에 한 번을 만나더라도 소통이 잘 되는 사람이 있을 수 있는 거죠.

다른 사람과의 관계를 유지할 때 어떻게 하면 문제가 생기지 않을까요? 조금은 내려놓는 것도 필요합니다. 내가 준 것을 100%라고 생각했을 때 20~30% 정도만 돌아와도 성공이라고 생각해보는 거죠. '내가 이만큼 해줬는데 돌아오는 게 없네.'라는 생각이 들면 슬프잖아요? 아예 돌려받지 못한다고 생각하고 베풀어보세요. 기부한다고 생각하는 거예요. 마음의 상처를 받지 않을 수도 있습니다.

세상을 살아가면서 약간은 손해를 보면서 사는 것이 좋습니다. 당장은 어리숙해 보일지 몰라도 나중에 다른 사람들도 모두 알게 됩니다. 다른 사람과의 관계를 위해 나의 능력을 모두 펼쳐놓을 필요도 없지요. 내가 가지고 있는 능력은 필요할 때만 꺼내서 활용하면 됩니다. 관계를 잘 유지하려면 이해하고 배려하는 마음을 가져보세요. '그럴 수 있어.'라고 생각해보는 것도 좋습니다. 생각이 다른 것이 틀린 것은 아니니까요.

6.

그댄 내게
소중한 사람입니다

작은 것에서 기쁨을 느껴보는 건 어떨까요?

누구나 삶을 살아가면서 필요한 것이 있습니다. 삶의 목적을 설정
해 두어야 하는 거죠. 목적이 있으면 세부적인 목표를 세울 수 있습
니다. 목표를 하나하나 달성하면서 성장을 하게 됩니다. 도장 깨기를
하듯이 말이죠. 목적이 있으므로 가능한 일입니다. 목표를 세울 때는
조금 높게 잡아야 합니다. 쉽게 달성하게 되면 성취감을 얻기도 힘드
니까요.

어느 날 아이가 80점을 맞았다며 시험지를 들고 옵니다. 이때 칭찬
을 해주실 건가요? 아니면 조금 더 노력하라는 이야기를 해주실 건
가요? 둘 다 하실 수도 있겠네요. 적당하게 칭찬과 응원을 해주는 것

이 좋겠죠? 물론 적당한 정도를 찾기가 쉽지는 않습니다. 사람은 감정이 있잖아요? 조언을 받아들이기에 따라서 마음의 상처가 되기도 합니다.

사람은 감정을 표현하며 살아갑니다. 사람들의 감정을 통제할 수 있나요? 슬픈데 웃을 수 있고, 웃기는데 울 수 있다면 감정을 자유자재로 다루는 것은 아닐까요? 그런데 이런 경우는 거의 없습니다. 연기자들도 자신을 통제하고 몰입해서 표현하는 거잖아요? 대단한 능력을 갖춘 분들입니다. 저는 연기를 하면 영 어색해서 말이죠. 감정을 숨기지 못합니다.

사람들도 필요에 따라서 통제할 수 있으면 얼마나 좋을까요? 연기자들처럼 말이죠. 지금은 일을 열심히 해야 하니 '일하기 형식'으로 진행해 봅니다. 일이 끝나면 쉬어야 하니 쉬는 것처럼 스키도 타고 보드도 타는 겁니다. 이런 기술이 등장하면 좋겠네요. 상상만 해도 신나지 않으세요? 약간 무섭기도 하고요. 인위적으로 통제하는 거니까요.

모든 것들이 장단점이 있습니다. 이상만 추구하다가는 문제가 생길 수 있죠. 동전에도 양면이 있듯이 말입니다. 가끔은 라디오를 켜

보세요. 내가 듣고 싶은 노래가 들려오기도 합니다. 아무 기대 없이 켠 라디오에서 반가운 노래가 들려오면 어찌나 반갑던지요. 작은 것에서 기쁨을 느껴보는 건 어떨까요?

장난이 조롱으로 느껴진다면?

처음 보는 사람과 친구가 되고 싶을 땐 어떻게 하시나요? 그 사람을 지켜봅니다. 성향을 파악해야 하니까요. 어떤 것을 좋아하는지, 싫어하는 것은 무엇인지 확인해 봅니다. 친구가 싫어하는 것을 선물하면 어떨까요? 친해지고 싶어서 이야기하는데 말이죠. 얼마간의 파악을 할 시간이 필요합니다. 그만큼 노력도 해야 하고요. 적절한 단어가 어떤 것이 있을까요? 생각해보니 '관찰'한다고 이야기하면 되겠네요.

저 사람과 '친한 친구가 되면 좋겠다.'라는 생각이 있을 땐 어떻게 하나요? 잘해주고 싶잖아요? 어떻게 하면 친해질 수 있을까 고민도 하고요. 좋은 것을 나눠주고 싶지 않으세요? 좋은 감정을 공유하면서 더욱 친해질 수도 있습니다. 이때 선을 잘 설정해야 해요. 아무리 친한 사이에도 지켜야 할 선이 있거든요. 선을 넘으면 남이 될 수도 있어요. 아니 남보다 더 못한 관계가 될 수도 있죠. 이미 나에 대해 너무 잘 아는 사이가 되었을 수 있거든요.

　사람들과의 관계에서 지켜야 할 선을 잘 설정해야 합니다. '장난으로 던진 돌에 개구리는 맞아 죽는다.'라는 말이 있어요. 나는 장난이었는데 받아들이는 상대방은 그게 아닌 거죠. 조롱한다고 생각할 수도 있어요. '뭐지? 나를 가지고 노나?'라고 생각하는 거죠. 이런 오해가 생기지 않도록 해야 해요. 최소한의 예의를 지켜주는 것이 필요하죠. 사람들 간의 관계가 어려운 이유입니다.

　학창 시절의 친구들은 몇 년 만에 만나도 뭔가 통하는 느낌을 받는 경우가 많습니다. 성숙해지는 시절 대부분 시간을 함께 보냈기 때문이죠. 생각을 공유하는 적이 많았습니다. 당연히 비슷하게 생각할 수밖에 없습니다. 오랜만에 만나도 푸근한 느낌을 받게 되는 거죠. 이상하죠? 친해지려고 노력해도 안 되는 사람은 안 되는데 말입니다. 생각을 공유한다는 건 참 어렵습니다.

　관계, 참 어렵습니다. 내 마음대로 되는 일이 그리 많지는 않지만 말이죠. 다른 사람의 생각과 내 생각이 다르잖아요? 같은 상황에도 선택하는 기준이 다릅니다. 나와 함께 생각을 공유할 수 있는 친구를 떠올려보세요. 그 친구를 위해 나는 무엇을 해줄 수 있는지도 말입니다. 장난을 받아줄 수 있는 친구인지도 함께 생각해보면 좋겠네요. 장난이 폭력으로 느껴지지 않도록 세심한 배려가 필요합니다.

그댄 내게 소중한 사람입니다

지금 생각나는 사람이 있으신가요? 소중한 사람으로 느껴지는 사람 말입니다. 나의 삶에서 빼놓을 수 없는 사람이 있다면 지금 말해보세요. 저는 가족들이 있습니다. 부인, 첫째와 둘째 아이, 부모님 등등 이런 순서입니다. 대부분 사람이 소중한 사람을 이야기해 보라고 하면 가족을 먼저 말합니다. 그다음으로 친구를 말하거나 내 삶에 영향을 준 지인들을 이야기하죠.

뉴스를 보면 안타까운 이야기들을 접하기도 합니다. 사랑하는 사람과 헤어졌다는 이유로 세상을 떠나는 때도 있습니다. 세상을 잃은 것 같은 기분에 자신의 삶을 정리하는 분들이죠. 사람은 감정적인 동물입니다. 감정이 지배하면 합리적인 사고를 하지 못할 수 있습니다. 상실감과 우울감에 빠져들게 되면 헤어 나오지 못할 수도 있습니다. 이때 누군가가 옆에서 도움을 줄 필요가 있죠.

연인 관계를 살펴볼까요? 여러 가지 유형이 있지만 세 가지로 분류해 볼게요. 남자가 여자를 좋아하는 유형이 있겠고요. 여자가 남자를 좋아하는 유형도 있겠죠? 마지막은 누구나 생각하듯이 둘 다 좋아하는 유형이 있겠습니다. 연인 관계는 거의 양쪽 모두 좋아서 만나는 거니까요. 여기서 이야기하는 것은 상대적으로 더 그렇다는 겁니다. 세 번째가 가장 바람직하겠죠?

첫 번째와 두 번째는 한쪽이 집착하는 때도 있어요. 집착은 상대방을 구속하게 하기도 하죠. 데이트 폭력이 일어나기도 하고요. 서로를 존중하지 않을 때 생기는 일입니다. 누군가를 만날 때는 상대방을 존중해야 합니다. 나의 입장만 이야기하면 안 돼요. 배려하는 마음도 필요하겠어요. 상대방은 어떤 이유로 그런 생각을 했는지도 생각해 보고요.

다른 사람과 내 생각이 다른 걸 확인했을 때 어떻게 하시나요? 설득하려고 하시죠? 다름을 인정하면 편합니다. 생각이 다른 것이 틀린 건 아니잖아요? 서로 존중하면 슬기롭게 해결될 수 있는 일들입니다. 사람들은 사회적 동물입니다. 관계가 중요한 이유죠. 서로의 입장을 존중해 주고 배려하면서 살아가야 합니다. 주변의 소중한 사람들과 어떻게 지내고 있는지 생각해보면 어떨까요?

7.

미래는 이렇게
준비해야 합니다

종이돈은 사기라고요?

어렸을 적 설 명절을 간절하게 기다리곤 했습니다. 왜냐고요? 다 아시잖아요? 세배한 후에 받는 세뱃돈을 기다린 거죠. 대부분 빳빳한 돈을 주셨어요. 은행에서 바꿔주는 신권입니다. 한 줄의 구김도 없는 돈이요. 새 돈을 받으면 어찌나 기분이 좋았는지요. 구김 없이 보관하려 하기도 하고요. 지갑 안에 있던 사용감이 있는 돈과 따로 구분해두기도 했죠.

빳빳한 새 돈과 사용감이 있는 돈이 있습니다. 여러분은 돈을 사용할 때 어떤 것부터 사용하시나요? 저는 빳빳한 새 돈부터 사용합니다. 지갑 안에 있는 좋은 것부터 다른 사람에게 주는 거예요. 주는 사람도 기분 좋고 받는 사람도 덩달아 기분이 좋아집니다. 일부러 티를 내면서 말이죠. 요즘은 거의 카드나 계좌이체로 거래를 하게 되잖아요? 돈을 주고받으면서 느끼는 잔정이 그리워지기도 하네요.

돈은 어떻게 보면 사기입니다. 갑자기 왜 이런 말을 하냐고요? 돈이 어떻게 사용되기 시작했나요? 물물교환으로 필요한 물건을 구할 때도 있었고요. 물건을 거래하기 위해 대체재가 필요했습니다. 항상 바꿀 물건을 가지고 다니기 어려웠으니까요. 그래서 사용되기 시작한 게 '화폐'의 개념이죠. 그런데 사실 종이의 가치가 금액만큼 되지는 않잖아요? 어떻게 보면 희대의 사기를 화폐에 담고 있지 않나요?

사업체를 경영하는 기업의 입장에서 살펴볼까요? 기업의 이미지를 좋게 만들기 위해 부단한 노력을 합니다. 부도덕한 업체로 잘못 소문이 나기 시작하면 금세 문을 닫게 될 수도 있으니까요. 불우이웃 돕기 등의 바람직한 일을 하면 적극적으로 홍보도 합니다. 기업의 이미지를 위해서 말이죠. 잘 포장을 해야 내용물도 좋아 보이잖아요? 당연히 안에 들어있는 물건도 품질이 좋아야 하겠지만 말입니다.

사람들 간의 관계도 생각해 볼 필요가 있어요. 다른 사람과 내가 주고받는 것이 진실되어야 하죠. 어떤 사람과 이야기를 하는데 허풍이나 거품이 섞여 있다면 어떨까요? 경계하게 되겠죠? 진실하지 않으니까요. 자신의 내면을 가꾸어야 하는 이유입니다. 자신 스스로 나다움을 찾아가야 합니다. 남들에게 보이는 이미지와 실제의 나를 같게 만들어 주어야 하니까요.

악역은 꼭 필요한 건가요?

어떤 일이 있습니다. 아주 힘든 일이죠. 잘하면 본전이고 실수가 있으면 욕을 먹는 일이에요. 이런 일은 어느 직업에나 있습니다. 누군가는 그 일을 해야 한다면 앞장설 자신이 있으신가요? 많은 사람이 대부분 적당한 보상을 기대하고 일을 하게 되거든요. 그 일이 서툴러서 실수를 연발한다면 좌절하게 될 수도 있습니다. 계속된 실수는 능력이 부족하다고 생각할 수도 있거든요.

드라마를 보면 누군가는 악역을 합니다. 착한 사람이 더 착해 보이는 역할을 해주죠. 주인공을 부각해주는 조연도 있습니다. 등장인물의 갈등 관계를 잘 풀어갈 수 있는 역할을 하기도 하죠. 약방의 감초와 같은 역할들로 이야기가 풍성해지기도 합니다. 사회도 마찬가지예요. 다양한 구성원이 있어야 하는 거죠. 우리네 살아가는 이야기를 재미있게 풀어낼 수 있는 겁니다.

같은 생각을 하는 사람들만 모여 있다면 일을 하기 어려워질 수도 있다는 것 말씀드렸죠? 조금만 다르게 생각해도 왕따를 당할 수도 있다고요. 거기에 모든 사람이 진취적이고 적극적이라면 어떻게 될까요? 일하기가 어려워질 수도 있습니다. 불굴의 의지로 자신의 의견만 주장할 거니까요. 이순신 장군과 같은 사람들만 수천 명 있었다면 노량해전에서 이길 수 있었을까요?

나와 생각이 다른 사람이 있다면 어떻게 대하시나요? 일단 그 사람의 생각을 들어봅니다. 왜 그런 생각을 하게 되었는지를 파악하는 겁니다. 의도를 파악하기 이전에 내 생각을 늘어놓아 보셨나요? 입장의 차이가 줄어들지 않습니다. 서로 평행선을 달리죠. 결국, 이견이 조율되지 않고 대치 상태로 남아 있게 됩니다. 사람 간의 관계가 모든 것을 결정합니다. 서로의 처지도 이해로 시작되거든요.

결국, 모든 문제는 관계로 시작해서 관계로 끝납니다. 관계 참 어렵다는 이야기를 괜히 하는 것이 아니거든요. 서로 간의 다툼도 이해하고 소통하면 풀리는 경우가 대부분입니다. 상대방의 생각과 내 생각이 다르므로 같은 생각을 하기는 어렵습니다. 입장의 차이를 어떻게 좁히느냐? 하는 물음에 관한 해답이 필요한 거죠. 서로 조금씩 양보하면서 오작교와 같은 역할을 담당하는 누군가가 되어주면 어떨까요?

미래는 이렇게 준비해야 합니다

미래는 예측할 수 없습니다. 현재를 기점으로 어느 정도의 방향성만 가늠할 뿐이죠. 이런 방향으로 흘러가리라 생각했는데 정반대 방향으로 진행되기도 하잖아요? 미래는 그만큼 불확실합니다. 미래를 준비하는 가장 좋은 방법은 무엇일까요? 기록입니다. "갑자기 무슨 기록?", "기록으로 미래를 준비한다고?" 이런 이야기를 할 수도 있어요. 하지만 미래를 준비하는데 기록만큼 소중한 것은 없습니다.

기록을 할 때를 생각해볼까요? 언제나 현재를 기록합니다. 지금도 글을 쓰고 이야기를 기록하죠. 미래는 다가오는 순간 과거형으로 바뀝니다. 현재에 충실하게 살아가면 됩니다. 끊임없이 미래를 맞이하면서 현재 기록하고 과거가 된다는 진리만 기억하면 됩니다. 현재를 살아가면서 최선을 다할 수밖에 없게 되죠. 조금씩 성장하는 자신을 발견하게 됩니다. 이게 바로 기록해야 하는 이유에요.

기록은 글로 써도 되지만 영상으로 촬영하거나 음성으로 녹음을 해도 됩니다. 그림으로 그리는 것도 기록의 방식이에요. 내가 표현하는 방법으로 하면 됩니다. 잘할 수 있으면 좋겠지만 잘하지 못해도 됩니다. 나만의 방식으로 기록을 남기고 나를 되돌아볼 수 있으면 되는 거죠. 오늘도 기록을 통해 성장한 자신을 발견하게 됩니다. 어떻게 보면 자기만족일 수 있어요. 자기만족은 나를 사랑하는 가장 좋은 방법이니까요.

삶을 살아가면서 매 순간 새로운 상황을 맞이하게 되잖아요? 다소 불편한 상황이 발생했을 때 어떻게 대처하시나요? 긍정적인 생각을 가지고 맞이해보세요. 결국, 나에게 도움이 될 것이라는 생각이 중요합니다. 긍정적인 생각은 나를 좋은 곳으로 데려다줄 거예요. 긍정의 에너지는 행복감을 느끼게 해주기도 합니다. 이렇게 얻어진 행복감은 다시 긍정적으로 생각할 힘이 되고요. 선순환 구조가 완성되는 거죠.

만약 부정적인 생각이 나를 지배한다면 어떻게 해야 할까요? 기록을 남겨보는 것도 하나의 방법입니다. 왜 부정적인 생각이 들게 되었는지 일목요연하게 정리해 보는 것도 좋습니다. 이런 과정을 거치면 자신을 반성하게 되니까요. 남과 비교하지는 않았는지도 되돌아볼 필요도 있고요. 다른 사람의 모습을 보고 나와 비교하는 순간 힘들어지거든요. 행복은 자기 자신에게서 찾아야 합니다.

나의 내면을 발견하는 메타인지 여행 세 번째 발걸음, 관계 지도 그리기 & 하루루틴 설계

1. 나의 관계 지도를 그려봅시다.

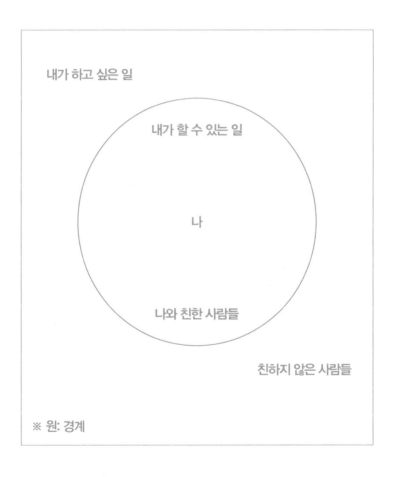

내가 하고 싶은 일

내가 할 수 있는 일

나

나와 친한 사람들

친하지 않은 사람들

※ 원: 경계

2. 나의 하루 루틴을 설계해봅시다.

		시간	할 일	체크 포인트
오전	☐			
	☐			
오후	☐			
	☐			
저녁	☐			
	☐			

※ 수행 완료 후 ☐ 체크(✓)하기

메타인지 찾기

내가 할 수 있는 일, 나와 친한 사람들 등의 경계를 허무는 방법은 어떤
것이 있을까요?

_____

_____

_____

_____

행복한
삶을 위한
방법 찾기

1.

나는 행복하다
고로 나는 존재한다

오늘보다 성장한 나를 내일 만날 수 있다

"여러분 행복하세요?" 갑자기 이런 질문을 하니 당황스럽죠? 잠시
생각 좀 해볼게요. 일상을 살아가면서 얼마나 행복한지 말이죠. 너무
나도 당연하다고 느끼는 것들이 갑자기 사라졌을 때 어떤 생각이 들
까요? 전쟁으로 모든 것들이 사라진다고 생각해보세요. 소소한 것들
도 모두 행복할 수 있답니다. 행복은 마음먹기에 달린 거예요. 누가
알려주는 것도 아니고요.

행복의 반대말은 불행입니다. 물론 행복하지 않은 것이 불행한 것
은 아닙니다. 일상을 살아가면서 이분법적으로 살아갈 필요는 없거
든요. 언제 불행하다는 생각이 드시나요? 내가 준비하던 일이 잘되

지 않을 때? 자격증 시험에 떨어졌을 때? 보통 이런 경우들이죠? 혹은 어느 정도 운이 따라주면 좋겠는데 그렇지 못할 경우가 아닐까요? 결국 불행한 것도 자신이 선택한 겁니다.

행복과 불행 모두 마음먹기에 달렸어요. 뻔한 이야기를 하는 것처럼 보이지만 잘 생각해보세요. 행복하다고 느끼는 것, 불행하다고 느끼는 것 모두 자신이 느끼는 감정인 거죠. 누가 시킨 것도 아닙니다. 내가 어떻게 생각하고 해석하느냐에 따라 마음가짐이 달라져요. 당연히 나의 행동도 변화할 수밖에 없죠. 누구나 긍정적으로 생각하면 긍정적인 결과가 나옵니다.

우리 모두는 하루하루 감사하면서 살아야 해요. 소소한 것들도 말이죠. 내가 가지고 있는 것들도 모두 감사할 일입니다. 작은 것들의 소중함을 느끼게 되면 어떻게 될까요? 자연스럽게 하루하루 최선을 다해 살아갈 수 있습니다. 감사함과 행복함은 함께 다녀요. 감사의 에너지는 행복을 가져다 줍니다. 에너지가 차고 넘치게 되니까요. 미래를 준비할 수 있는 동력이 되거든요.

내일의 나는 오늘보다 0.1% 성장한다고 생각해보세요. 오늘을 살아가는 이유가 됩니다. 조금씩 만족감을 높이면 도파민의 분비도 활성화될 수 있습니다. 행복하게 살아갈 수 있는 근원이 되는 거죠. 긍정적 생각, 작은 것들의 소중함, 감사함 같은 소소한 마음이 모여 나를 만들어갑니다. 내가 원하는 것을 이루고 싶다면 외쳐보세요. "나는 행복하다."라고요.

도전해야 행복할 수 있다

행복이라는 두 글자가 주는 의미가 있습니다. 도파민이 분비된다고 하나요? 기분이 좋아집니다. 행복감을 생각만 해도 흐뭇해집니다. 왜 그럴까요? 내가 살아가는 의미를 발견할 수 있기 때문입니다. 아무런 의미 없이 살아가기만 한다면 어떻겠어요? 하루하루가 지루할 겁니다. 작은 것에서 의미를 찾아보세요. 매 순간이 행복할 수 있습니다.

가끔 금지된 약물을 복용한 연예인들의 기사를 접하곤 합니다. 이 약물의 정체는 무엇일까요? 순간적으로 행복하게 만들어 주겠죠? 순간의 쾌락은 결과적으로 불행하게 만듭니다. 행복은 작은 것에 계속해서 만족하는 것이 좋습니다. 행복의 자극이 순간적이고 너무 큰 상태라면 행복함을 느끼기 어렵기도 하죠. 잔잔한 감동이 사람의 마음을 움직이는 것처럼 말입니다.

성취하기 위해 노력하는 것이 있다면 조금씩 준비해 보세요. 갑자기 얻어지는 것은 없습니다. 차근차근 준비하면 얻을 수 있죠. 처음부터 잘하는 사람들이 있나요? 도전하고 실패하는 과정에서 또 다른 무언가를 배웁니다. 그 과정에서 성장하게 되는 거죠. 가끔 넘어지는 것도 좋아요. 그래야 안 아프게 넘어지는 방법을 배우거든요. 다시 일어날 힘이 될 수 있습니다.

지식의 성장은 계단식으로 이루어집니다. 자신의 능력치가 완성되었을 때 레벨이 올라가듯이 성장하죠. 주변의 사람들도 마찬가지입니다. 유명한 사람들은 모든 사람을 만나지 못해요. 유튜브 영상이나 책, 신문기사 등으로 만나게 되죠. 그런데 레벨이 올라가면 자연스럽게 이분들과도 연결됩니다. 레벨이 오르고 있다는 거예요. 중요한 것은 자신은 잘 모릅니다. 어느 순간 예전의 나와 비교하면서 깨닫게 되는 거죠.

복잡하고 어려워서 하지 않는다고요? 실패하는 것이 두려워서 시도하지 않는다면 얻는 결과도 없습니다. 도전해야 결과도 있는 겁니다. 모르는 게 있으면 배우면 되는 거죠. 작은 것이라도 시도해 보세요. 부족한 면이 있다면 다시 도전해 보시고요. 언젠가 성취할 수 있을 겁니다. 나는 어떤 것들에 도전할 수 있을지 생각해보는 건 어떨까요?

나는 행복하다 고로 나는 존재한다

저는 아이들에게 한 달에 한 번씩 용돈을 줍니다. 주는 금액의 반은 저축하도록 하죠. 용돈 외에 돈이 필요한 때도 있잖아요? 그럴 땐 아이가 집에서 할 수 있는 일을 하면 추가 금액을 줍니다. 예를 들면 화분에 물 주기, 신발 빨기, 방 청소 등등이요. 이때 아이와 금액을 정해두었어요. 혹시 너무 적다고 생각되면 안 되니까요. 정당한 금액이 아니라면 하기 싫어질 수도 있잖아요?

행복은 소소한 것에서 시작한다고 말씀드린 적이 있습니다. 아주 작은 것에 감사하며 살아야 해요. 행복감을 느끼는 빈도수를 높여야 하는 거죠. 아이들에게 용돈을 줄 때도 적용할 수 있어요. 너무 많은 금액을 한꺼번에 주는 것보다 조금씩 추가금을 주는 방법이죠. 자연스럽게 필요한 것을 얻기 위해 일을 해야 하는 것도 배우게 됩니다.

어떤 상황이 더 행복한지 생각해보세요. 첫 번째는 행복한 느낌을 한 달에 한 번 받는 경우고요. 두 번째는 3일 주기로 행복한 느낌을 받는 거예요. 어떤 사람이 더 행복하게 살아갈 수 있을까요? 문제의 의도는 두 번째가 행복하다고 말씀드리려고 합니다. 소소하게 자주 느끼는 경우 행복하다고 느끼는 경우가 더 많습니다.

그런데 정답은 조건에 따라 다릅니다. 무슨 말이냐고요? 생각해보세요. 3일 주기로 행복한 느낌을 받으려면 어떻게 해야 하나요? 행복을 느낄 수 있는 최소 기준은 넘어야 해요. 이 최소 기준이 변화한다는 겁니다. 사람들이 익숙한 일을 하는 경우 시간을 압축해서 사용하게 되잖아요? 익숙해진 만큼의 대가가 반영되어야 행복하다는 느낌을 받는 거예요. 그렇지 않으면 무시한다는 느낌을 받을 수도 있고요.

행복감을 느끼려면 가장 중요한 것이 있습니다. 행복의 빈도도 중요하지요. 그것보다 더 중요한 것을 말씀드리려고 해요. 바로 '자기 생각'입니다. '나는 행복하다.'라고 생각해보세요. 생각이 달라지면 행동이 달라집니다. 항상 긍정적인 생각을 가지고 살아가야 합니다. 나의 삶이 어떻게 변화할지 아무도 모릅니다. 주어진 환경을 파악해야 해요. 억지로 거스르지 않고 살아보세요. 긍정의 흐름에 나의 삶을 맡겨보시기 바랍니다.

2.

생각을 바꾸면
인식이 달라집니다

생각을 바꾸면 인식이 달라집니다

생활인구라는 말 들어보셨나요? 사는 곳이 아니라 내가 생활하는 곳을 기점으로 인구를 계산하는 거예요. 지금까지 이런 방법으로 인구를 관리한 적은 없었습니다. 거주지를 우선으로 인구를 관리했죠. 서울에 거주하고 있다가 겨울 시즌에 평창에 있는 스키장에서 3개월 정도를 거주하면 생활인구에 포함하는 방법이죠. 생활인구라는 말은 왜 등장했을까요?

우리나라의 인구가 가파르게 줄고 있습니다. 출생률 감소로 시작되었죠. 매년 출생아 수가 줄고 있었습니다. 점점 사회적 문제로 발전하고 있어요. 1981년에 80만 명에 근접했던 출생아 수도 2022년에는 25만 명이 채 되지 않는다고 합니다. 그야말로 인구 절벽의 시대에 살고 있습니다. 아이들과 관련된 산업부터 문제가 생기고 있어요. 아기용품도 이전과는 다른 소비패턴으로 변화하고 있고요.

학교도 마찬가지입니다. 학령인구 감소가 진행되고 있어요. 학생 수 감소로 학교도 줄어들고 있습니다. 그런데 이게 단순하게 학교만 없어지는 게 아니에요. 교사들의 숫자도 줄이고 있어요. 학생 수가 감소하는 만큼 맞춰서 줄어드는 거죠. 어찌 보면 양질의 교육을 제공할 수도 있는데 말입니다. 교사의 숫자가 교육의 질을 보장한다는 절대적인 근거는 아닙니다. 다양한 교육을 제공하는 방법이 있음에도 그렇지 못한다는 의미죠.

예전보다 교통과 통신이 발달했습니다. 사람들이 1시간에 이동할 수 있는 거리가 늘어났어요. 지금은 다른 나라에 있는 사람들과 온라인으로 회의도 할 수 있습니다. 힘들이지 않고도 아주 쉽게 말이죠. 인구가 줄고 있다고 해서 마냥 지켜보기만 할 수는 없습니다. 뭐라도 해야죠. 국민이 우리나라 안에서 돌아다닐 방법을 찾으면 됩니다. 관광이나 여행을 활성화하는 방법이 있겠네요.

어떻게 하면 양질의 관광지를 만들어낼 수 있을까요? 혼자 고민해서 될 문제가 아닙니다. 각 지자체에서도 고민이 필요합니다. 태어나는 신생아는 대도시에 몰려 있잖아요? 지역이 소멸하고 있어요. 돌봄 서비스도 필요하잖아요? 이것도 출생률이 높은 지역에만 몰려 있어요. 악순환의 고리를 깰 수 있도록 다양한 방법을 구안해 볼 필요가 있습니다. 일자리의 재구조화도 필요하겠어요. 지금의 구조가 유지되기는 어려우니까요.

왜 그 꿈을 가지려고 하지?

가끔 아이들과 꿈에 관하여 이야기를 합니다. "꿈이 뭐야?" 아이들은 이렇게 이야기하죠. "제빵사요.", "유튜버요." 등등의 이야기를 합니다. 그러면 저는 한 번 더 물어봅니다. "왜 제빵사가 되려고 하지?", "유튜버가 되면 하고 싶은 일이 뭐야?"라고요. 꿈과 직업을 혼용해서 사용하게 되는데요. 꿈은 내가 하고 싶은 일을 동사형으로 말해야 합니다. 직업은 명사형이고요.

언젠가 예능에서 최태성 선생님이 꿈을 동사로 말하라는 이야기를 한 적이 있습니다. 을사오적의 공통점이 무엇인지 아시나요? 직업이 같았어요. 판사였거든요. 우리나라에서 가장 똑똑한 사람들이었던 거죠. 어느 순간 가치관이 흐려지고 판단력이 흐려졌을 때 이런 상황이 발생할 수 있습니다. 자신의 이득을 위해 나라를 팔아먹는 상황이 생길 수도 있는 거죠. 꿈을 동사형으로 생각하면 왜 그 일을 하는지 명확해집니다. 실수를 줄일 수 있죠.

챗GPT와 같은 생성형 인공지능의 보급으로 많은 산업이 달라지고 있습니다. 챗GPT를 만든 OPENAI 사에서 챗GPT의 API를 공개했거든요. 이곳저곳에서 챗GPT를 활용한 플랫폼을 만들어내고 있습니다. 교육에서도 활용되기 시작했어요. 학습자 맞춤형 교육을 진행할 수 있거든요. 지금까지의 교육은 평균을 위한 교육을 진행했어요. 공부를 잘하는 사람에게도 보충이 필요한 사람에게도 똑같은 교육이었죠.

매년 새로운 직업이 생겨나고 있습니다. 그런가 하면 사라지기도 하죠. 단순하게 정보만 만들어내거나 전달만 하는 직업은 사라지게 될 겁니다. 직업을 잘 관찰하면 공통점이 있습니다. 내가 직접 하기 어려운 일을 대신에 해주는 거죠. 한 일을 대가로 돈을 받습니다. 자본주의의 구조예요. 적재적소에 필요한 일을 해주는 겁니다. 챗GPT와 같은 생성형 인공지능은 다양한 직종으로 확장될 겁니다.

사회가 계속해서 변화하고 있습니다. 내가 어떤 일을 하는 이유는 무엇인지 다시 한번 생각해 볼 필요가 있어요. 의미를 찾아보는 거죠. '나다움'에 관한 생각과도 연결되어 있습니다. 내가 어떤 의미가 있고, 왜 살아가야 하는지 생각해보셨나요? 나의 삶에 관하여 고민해 보세요. 진정한 나다움은 무엇인지, 어떤 꿈을 가지고 살아가는지 말이죠. 나다움과 직업의 관계에 관해 생각해보는 건 어떨까요?

원하지 않는 일을 하고 있다면?

첫째가 초등학교 졸업을 할 때였어요. 초등학교를 졸업하면 친구들을 못 본다는 생각에 아쉬움이 많았나 봅니다. 연말에 체험학습을 쓰고 여행을 다녀오자고 이야기를 해봤거든요. 며칠 남지 않은 하루하루가 소중해서 학교에 가야 한다고 하네요. 물론 바람직한 현상이죠. 그리고 보니 저도 중학교에 진학하기 전에 초등학교 친구들과 추억을 만들기 위해 이런저런 일을 했던 것 같습니다.

만남이 있으면 헤어짐도 있습니다. 나와 모든 삶을 동행할 수 있는 사람은 아무도 없죠. 누군가와 함께하는 삶은 외롭지 않습니다. 왜 이 길로 가고 있는지 이야기를 나눌 수 있으니까요. 잠깐 생각해보면서 서로의 생각을 나누면 생각도 깊어집니다. 아무리 똑똑한 사람의 의견 도도 여러 사람의 의견을 이길 수는 없잖아요? 다양한 생각을 해보는 것도 좋습니다.

일하면서 만나는 사람들이 있습니다. 지금 하는 일을 위해 노력하지만 조금씩 다른 길을 향해 나가야 합니다. 매번 함께 일을 하면 좋겠지만 서로의 갈 길이 있죠. 일에 대해 평가를 할 때 아쉬운 부분이 있어요. 어떤 업무는 안 하면 티가 나고 해도 티가 안 나는 업무가 있거든요. 학교에는 생활지도 업무가 그래요. 각종 민원에 시달리면서도 대접받지 못하는 경우가 많거든요.

한동안 교사들이 길거리로 나온 적이 있습니다. '생존권'을 외치면서 말이죠. 갑자기 생존권을 외친 데는 이유가 있습니다. 각종 민원을 직접 받아내다 보니 심리적으로 고통스러워하는 분들이 많이 있습니다. 제도가 문제였던 거예요. 많은 사람이 고통스러워하면서도 잘못된 길로 가고 있는 것을 몰랐습니다. 그러다가 알게 된 거죠. 무언가 잘못된 것을요.

한 해를 마무리하면서 자기 실적을 평가합니다. 어떤 사람의 일을 평가할 때를 생각해보자고요. 무언가 뛰어난 업적이 있다면 칭찬해 주고 대접해 주어야 합니다. 평가할 때 이렇게 하면 안 된다는 것이 아닙니다. 누군가 하기 싫은 일을 할 때 그 사람도 칭찬해 주고 힘을 실어주어야 합니다. 심리적으로 고통스러울 수 있거든요. 조금의 배려가 한 사람을 살릴 수도 있습니다. 누군가의 도움으로 실적이 나올 수 있다는 걸 생각해보면 어떨까요?

3.

행복하려면
실천하세요

일상에서 탈출하고 싶으신가요?

    요즘은 사람들과 만남이 많이 있습니다. 서로 만나서 이런저런 담소를 나누기도 하고요. 다양한 활동하기에 바쁩니다. 몇 년간 이렇게 모이는 것이 힘들었잖아요? 약간 어색하기도 합니다. 서로의 상황을 이해할 수 있는 이야기를 나누는 건 바람직하지 않을까요? 물론 10시가 넘어가면 약간 분위기가 바뀌기도 해요. 코로나 19 팬데믹 이전처럼 늦게까지 흥겹게 즐기는 분위기는 아닙니다.

    우리 사회는 아직 따뜻합니다. 믿고 살아갈 수 있으니까요. 사람들과 믿음을 유지하기가 쉽지는 않습니다. 관계를 만들고 유지하는 것과 같은 맥락이죠. 그래도 살만하다고 느끼는 건 왜일까요? 나를 누군가가 도와준다고 믿을 수 있는 믿음이 있기 때문입니다. 나를 스스로 칭찬해 주세요. 자존감을 높이는 데 많은 도움이 된답니다. 어딘가에 쓸모 있는 사람이라고 생각해보는 것도 좋겠고요.

어떤 무리에서는 일부 몇 명이 물을 흐리기도 합니다. 거짓말을 하고, 사기를 치죠. 주변 사람들에게 뒤통수를 치기도 합니다. 자신의 이득을 위해서요. 이들은 유리하다 싶으면 넙죽 엎드려서 이득을 챙깁니다. 주변에서 노력하는 사람들을 의식하지도 않죠. 불리할 때는 과감하게 돌아서기까지 합니다. "내가 언제 그랬어!"라는 말과 함께 말이죠. 상당히 불쾌하기도 합니다.

일하면서 만나는 사람들의 특징을 살펴볼까요? 제한된 영역에 한정된 경우가 많습니다. 아무래도 같은 업종에 종사하는 분들이나 거래처 관계자분들이 많을 테니까요. 어떻게 보면 너무 틀에 얽매여 살아가는 건 아닐까요? 조금씩 범위를 넓혀보세요. 어떻게 하냐고요? 쉽지는 않습니다. 흥미를 느끼고 있는 분야의 동호회에 가입하고 행사에 참여해 보세요. 취미를 만들어 보는 것도 좋습니다.

일상으로부터 탈출하는 방법을 말씀드릴게요. 다양한 루트를 만들어 두는 건 어떨까요? 너무 일상에 얽매여서 살아가면 실패했을 때

돌아오기 어렵기도 합니다. 하나만 보고 있으니까요. 자신의 성장을 느낄 수 있도록 이것저것 도전해 보는 겁니다. 한 해를 마무리하면서 내년을 준비해 보세요. 하루의 계획을 세우고 실행해보는 것도 좋습니다. 매일 아침 긍정확언을 해보는 건 어떨까요?

행복하려면 실천하세요

선물 하나 드릴까요? 로또 1등에 당첨되는 상상을 해보세요. 생각만 해도 행복하지 않으신가요? 저는 '받은 돈으로 뭘 하지?'라는 생각에 잠을 이루지 못할 것 같네요. 집도 사고, 가지고 싶었던 차도 사고, 가족들에게 용돈도 좀 드리고 할 일이 많네요. 생각만 해도 뿌듯합니다. 여기까지 생각한 이후에 갑자기 이런 생각이 들었어요. '행복을 돈으로 살 수 있는 건가?'라는 생각이요.

돈이 많은 부자들의 이야기를 들어볼 수 있습니다. 돈이 많은데도 불구하고 행복하지 않은 사람들이 있죠. 로또 1등을 맞은 가족들의 이야기입니다. 돈으로 싸움이 시작되기도 하잖아요? 상속을 받는 형제나 자매들끼리 싸우기도 하고요. 행복을 돈으로 사기는 어렵습니다. 중요한 것은 마음먹기에 달린 겁니다. 내가 어떻게 생각하고 행동하느냐가 중요한 거죠.

사람들은 여러 가지 욕구를 가지고 있습니다. 최소한의 욕구가 충족되어야 하죠. 삶을 살아가면서 기본적인 생활을 할 수 있으려면 어떤 욕구가 충족되어야 할까요? 생존과 관련한 욕구는 만족하여야 합니다. 이게 만족스럽지 않으면 문제가 생기죠. 불행하다고 느낄 수 있습니다. '나의 삶은 왜 이렇게 힘들지?'라고 생각하기도 하죠. 우울감에 빠져들 수도 있습니다.

행복을 돈으로 살 수는 없습니다. 다만 돈이 어느 정도는 있어야 우울하거나 좌절하지 않을 수 있어요. 어떻게 하면 행복한 삶을 살수 있을까요? 나다움을 빨리 찾아야 합니다. 내가 좋아하는 것은 무엇인지를 알아야 하죠. 나를 만족시키는 것이 어떤 것인지도 함께 찾아볼 필요가 있습니다. 진정한 나다움을 찾으면 행복하게 살아가는 방법을 빠르게 알아낼 수 있습니다.

행복하려면 어떻게 할까요? 다양한 경험을 해보는 겁니다. '이거 하면 어떻게 될까?'라는 생각을 해보는 것도 좋습니다. 어느 정도 확신이 들면 바로 실행해 보세요. 행동해야 무언가 얻는 것이 있습니다. 죽이 되든 밥이 되든 나의 경험이 되는 거니까요. 죽을 만들었다면 다음에 실수하지 않으면 돼요. 시작도 안 하고 고민하는 건 정말 어리석은 행동입니다. 지금 바로 실천하세요.

계획은 순간의 대처를 정교하게 만들어 줍니다

여러분 행복하신가요? 하루를 행복하게 살아갈 방법은 무엇이 있을까요? 아주 단순하지만 쉽게 접근하는 방법을 알려드릴게요. 매일 아침 계획을 세워보는 겁니다. 플래너 작성이요. 요즘 미라클 모닝 하시는 분들도 많이 계시잖아요? 플래너를 작성하면서 행복을 느낄 수 있다니 믿어지시나요? 지금부터 풀어드릴게요. 한 번 시도해 보시기 바랍니다.

만수르 아시죠? 아랍에미리트 사람인데요. 돈을 써도 써도 계속 불어난다고 하더라고요. 재산이 1,000조 정도 된다고 하네요. 상상이 잘 안 되는 금액이기도 하네요. 여러분 지금부터 생각해볼게요. '로또' 1등에 당첨된 거죠. 만수르가 가진 돈만큼 많은 금액을 갑자기 가지게 된 겁니다. 이 돈을 어떻게 하실 계획이신가요? 관리는 어떻게 할 것이며 돈은 어디에 쓰실 건가요?

미리 계획하고 살아가는 사람과 계획을 하지 않는 사람은 차이가 있습니다. '어떤 목적을 가지고 일을 하는가? 혹은 그렇지 않은가?'와도 같은 맥락이죠. 우연히 일어난 일에 당황하지 않고 대처하는 방법은 어떤 것이 있나요? 다양한 경험을 해보면 됩니다. 갑자기 일어난 사고에 대처하는 것도 비슷한 경험이 있으면 능숙하게 해결할 수 있습니다.

요즘 심폐소생술 교육받으시는 분들 많으시죠? 길을 걸어가는데 갑자기 사람이 쓰러졌습니다. 여러분은 어떻게 하시나요? 심폐소생술 받은 기억을 더듬어 바로 진행하는 분들이 많이 있어요. 순간의 선택이 사람의 생사를 바꿀 기회가 되니까요. 골든타임이 중요한 이유입니다. 미리 연습해 보고 준비한 덕분에 가능한 일입니다. 당황하지 않고 바로 몸이 움직일 수 있도록 하는 거죠.

아침에 계획을 세우는 것 하나만으로 우연히 일어난 일에 관한 대처가 빨라질 수 있습니다. 목적이 분명해질 수 있으니까요. 오늘은 내가 어떤 방향으로 일을 해야 하는지 미리 생각해 볼 수 있거든요. 거기에 하나 더 생각해보자고요. 저녁에 잠들기 전에 하루를 되돌아보는 거예요. 반성도 되고요. 하루하루 단단해질 수 있는 계기가 될 수 있답니다. 오늘부터 하루의 일과를 계획하고 실행해 보자고요.

4.

처세술도
메타인지랍니다

성공과 행복의 연결고리는 무엇일까요?

성공의 기준은 어떻게 되나요? 사람마다 다르잖아요? 어떤 사람은 회사의 CEO가 되는 것을 성공의 기준으로 삼기도 하고요. 어떤 사람은 여행 작가가 되는 것을 성공이라고 생각하기도 합니다. 다른 사람들이 인정하는 자리에 가고 싶어 하는 분들도 있고요. 자신이 하고 싶은 일에 방점을 찍는 분들도 있죠. 여러분 성공하고 싶으신가요?

성공하면 행복할까요? 결론부터 이야기하면 성공하면 행복할 수도 있습니다. 그런데 그렇지 않을 수도 있어요. 얼마 전 TV 프로그램에서 본 이야기예요. 외국에 이민한 후 수제 케이크 가게를 운영하신 분이 있었어요. 자신이 만들고 싶은 케이크를 만들 수 있겠다는 생각에 열심히 운영했죠. 그런데 점점 고객들이 원하는 것만 만들고 있었다고 해요. 결국 운영하던 가게를 접었고 취미로만 케이크를 만든다고 합니다.

성공과 행복을 연결할 수 있어야 합니다. 쉽지는 않겠지요. 마음먹은 대로 되는 일이 있겠어요? 사람들이 계획한 대로만 움직여주면 좋겠지만 그렇지 못한 경우가 많습니다. 많은 사람이 '새해에는 이렇게 해야지.'라고 생각만 하고 실천을 하지 못합니다. 작심삼일이라고도 하죠? 가장 큰 문제가 있습니다. 자신이 어떤 상황인지 정확히 알고 있어야 계획의 실행도 가능하거든요.

성공과 행복을 연결할 방법은 어떤 것이 있을까요? 가장 먼저 해야 할 일이 있습니다. '나다움'을 찾아야 해요. 이때 필요한 능력이 있어요. 여러 번 말씀드렸던 '메타인지'입니다. 내가 잘하는 것과 좋아하는 것을 알아야 합니다. 내가 살아가는 삶과 추구하는 미래의 나를 계획할 수 있도록 말이죠. 현재를 충실히 살아가다 보면 미래의 나를 만날 수 있습니다.

하루 24시간은 모든 사람에게 똑같이 주어지는 시간입니다. 하루하루를 어떻게 보내느냐에 따라 삶이 달라지죠. 누적된 노력은 실력이 됩니다. 실력이 늘어가는 사람들을 보면서 나의 신세를 한탄해 봐야 돌아오는 것은 자책뿐입니다. 남들과 비교할 것이 아니라 어제의 나와 오늘의 나를 비교해 보세요. 성장하는 자신을 발견할 수 있습니다. 오늘도 최선을 다해 살아보는 건 어떨까요? 나의 꿈이 이루어질 수 있도록 말이죠.

처세술도 메타인지랍니다

'배워서 남 주자!'

이처럼 우스갯소리 같은 이야기가 세상을 바꾸기도 합니다. 비밀이라고 아무에게도 알려주지 않으면 변화하는 것이 없습니다. 아무도 모르니 곧 잊힐 테니까요. 제가 어떤 이야기를 하려고 하는지 눈치 채신 분들도 계시죠? 여러분들은 정보를 전달할 때 어떻게 하시나요? 내가 가진 지식은 남들에게 설명하면서 더욱 정교해집니다. 그 과정에서 통찰이 생기는 거죠.

사람들은 정보를 습득하고 전달하면서 학습을 합니다. 학교에서 배우는 지식은 공부를 통해 학습하게 되고요. 공부할 때 누군가에게 설명하듯이 이야기해 보셨나요? 정확하게 내 지식으로 바뀝니다. 복잡한 이야기를 초등학생도 알아듣기 쉽게 설명해 보세요. 놀라운 경험을 하게 되실 겁니다. 상당한 수준의 지식을 초등학생도 알아듣게 설명한다면 일타 강사로도 활동하실 수 있을 거예요.

메타인지란 무엇인가요? 내가 알고 있는 지식과 모르는 지식을 구분할 수 있는 능력을 말합니다. 사람들은 단어를 반복적으로 듣게 되면 잘 아는 내용이라고 착각하기도 합니다. 막상 특정한 단어에 관하여 설명하려고 생각해보면 어떤 것부터 설명해야 할지 잘 모릅니다. 어떤 일에 관하여 잘 알고 있는 것은 내가 바로 설명할 수 있으면 됩니다. 설명하려고 하는데 머릿속에서만 맴돈다? 이럴 때는 잘 모르는 겁니다. 정확히 모르는 거죠.

눈치를 잘 보는 것도 하나의 능력일 수 있겠네요. 처세술도 마찬가지고요. 이런 능력들은 모두 메타인지에서 시작합니다. 한 조직을 이끌어가려면 필요한 것이 무엇인지 파악하는 능력도 필요합니다. 누군가에게 나누어줄 수 있는 지식은 어떤 것인지 아는 것도 필요하고요. 다양한 분야에서 활동할 수 있도록 지원을 해주는 것도 좋겠습니다. 여러 분야에서 조직된 모든 것들을 만들어서 활용할 수 있게 지원해 주는 거죠.

요즘 크리에이터 활동하는 분들 많으시죠? 자신에게 맞는 구체적인 산출물을 만들어내는 것도 좋겠습니다. 휴대폰으로 짧은 영상을 하나 찍는 것도 하나의 방법입니다. 쉽게 설명할 수 있는 자료만 만들 수 있으면 되는 거죠. 하나하나 실천하다 보면 영상이 강의가 되죠. 여러 강의가 모여서 책이 되는 놀라운 경험을 하실 수 있습니다. 중요한 것은 실천입니다. 실천해야 산출물이 나온다는 것, 꼭 기억하세요.

무례한 사람을 만났을 때 어떻게 하실래요?

여러분 지금 하는 일에 만족하시나요? 일에 관한 보상은 잘 받고 있다고 생각하시나요? 만약에 어떤 일을 하는데 하는 일만큼의 대가를 받지 못한다면 어떻게 하실 건가요? 내가 한 일을 누군가가 자신의 치적으로 만들어서 빼앗아가는 생각을 해보세요. 어떻게 대처하실 건가요? 극단적인 표현으로 들릴지 모르겠습니다. 세상에는 다양한 사람들이 많이 있습니다. 미리 생각해둘 필요가 있죠.

일을 하다 보면 여러 명이 모여서 진행하기도 합니다. 각자 역할 분담을 하고 일을 하게 됩니다. 다양한 생각을 하는 사람들이 모여 있으면 엉뚱한 이야기를 하는 사람도 끼어 있게 마련이죠. 여러 명이 함께 한 일을 자신이 혼자 한 일처럼 떠벌리는 사람도 있습니다. 한심하기 짝이 없죠. 누가 들어도 거짓말인 것이 티가 나는데도 뻔뻔하게 이야기합니다. 이런 사람들은 어떻게 대처하여야 할까요?

논문을 쓰고 있었습니다. 논문의 결과를 정리하고 있는데 이 내용을 전혀 모르는 사람이 다가와서 몇 번 이야기 나누고는 자신이 공동 저자라고 발표한다고 생각해보세요. 지식재산권을 훔치는 행위죠. 범죄를 벌이고 있으면서 뻔뻔하기까지 합니다. 대화할 가치를 느끼지 못하게 되기도 합니다. 사람이라면 이렇게 하지는 않을 테니까요.

직장에서 내가 한 일을 아무런 말 없이 빼앗아 가는 사람들도 있어요. 내가 몇 날 며칠을 밤을 새워가면서 만든 보고서가 있습니다. 그동안 술자리만 만들어서 놀던 사람이 자신이 한 일처럼 상사에게 보고해버리는 거죠. 말 그대로 미치고 팔짝 뛸 노릇입니다. 이게 뭐 하는 건가요? 이런 사람들과 한 공간에서 일하고 있다면 어떻게 대처하시겠어요?

일을 할 때에도 상도가 있어야 합니다. 남이 한 일을 자신이 혼자한 것으로 우기는 사람들에게 '예의'를 가르칠 필요가 있습니다. 나이가 들었다고 모두 어른은 아니거든요. 어른은 자신이 한 일에 책임을

질 수 있어야 합니다. 어린 사람들이 본받을 만한 일을 해야 하는 거죠. 함께 한 일이 있다면 공동의 성과로 이야기할 필요가 있습니다. 이 세상은 혼자 살아가는 것이 아니니까요..

5.

신경 쓰지 마세요

자유를 찾으려면 이렇게 해보세요

'자유롭게 저 하늘을 날아가도 놀라지 말아요.'라는 가사의 노래가 있습니다. 〈마법의 성〉이라는 노래죠. 긍정의 힘을 느낄 수 있어요. 희망에 가득 찬 가사와 미성의 목소리가 돋보이기도 하고요. 자유라고 하는 말에 관하여 생각해보려고 합니다. 어떻게 하면 자유를 얻을 수 있을까요? 진지하게 고민해 볼 필요가 있어요. 자유에 관한 고민은 긍정적인 태도와 행동에 달려 있으니까요.

긍정적인 생각을 가지고 살아가면 밝은 미래를 맞이할 수 있습니다. 많은 사람이 자유를 꿈꾸죠. 특히 경제적 자유를 찾기 위해 노력합니다. 자유란 무엇일까요? 내 마음대로 할 수 있는 것만은 아니에요. 나의 이득을 얻더라도 누군가에게 피해를 주지는 않아야 하니까요. 자유를 얻기 위해서는 나의 능력을 키워야 합니다. 다른 사람의 도움을 받지 않고 일을 수행할 수 있어야 해요. 그래야 진정한 자유를 찾을 수 있거든요.

자유를 찾을 때 가장 필요한 것은 '메타인지'에요. 나 자신을 가장 먼저 파악해야 합니다. 나를 알아야 남에게 피해도 주지 않고 살아갈 수 있어요. 내가 할 수 있는 일과 하지 못하는 일을 구분할 수 있어야 하기 때문이기도 합니다. 메타인지가 중요한 이유입니다. 많은 사람이 자신은 객관적인 시각을 가지고 있다고 생각하는데 그렇지 않아요. 자신에게는 관대하고 다른 사람에게는 엄격한 사람들도 많고요.

문제는 자신의 성향이 그렇다는 것 자체를 모르는 경우입니다. 메타인지 능력이 부족한 탓이에요. 자신에 관한 이해가 부족해서 생기는 일이죠. 보통 고등학교 때까지 자신에 관한 고민을 합니다. 성년 이후에는 자기 계발을 비롯한 관련한 분야에 관심을 가지지 않습니다. 세상이 시시각각 변화하는 데 이전의 지식으로 세상을 바라보는 겁니다. 당연히 판단에 실수가 생길 수밖에 없죠.

자신을 객관적으로 바라보려면 어떻게 해야 할까요? 끊임없는 자기 계발이 필요합니다. 변화하는 사회에도 적응해야 하고요. 그러려면 해야 할 일이 있습니다. 계획만 세우고 움직이지 않으면 이루어지는 것은 없어요. 무언가를 하기로 마음을 먹었다면 실행해야 합니다. 실천하는 것만이 나를 밝은 미래로 데려다줄 수 있습니다. 누군가에게 도움이 될 수 있는 일을 하고자 한다면 실천해야 합니다. 바로 지금 시작해 보세요.

신경 쓰지 마세요

여러분은 경쟁하는 대상을 어떻게 설정하시나요? 주변에서 찾지 않으시나요? 사람들은 보이는 것에 너무 집착하는 경향이 있습니다. 주변 환경에 너무 신경 쓰는 때도 있고요. 경쟁 대상은 같은 업종에 종사하는 전국의 모든 사람으로 생각의 폭을 넓혀보세요. 나와 같은 공간에 있는 사람들이 경쟁 대상이 아닐 수 있습니다.

경쟁 대상만 다르게 설정해도 생각이 달라집니다. 초점을 맞추어야 할 것이 무엇인지 결정되죠. 쉽게 이야기하면 주변에 레벨 1의 캐릭터들이 넘쳐난다면 전국에는 레벨 10 정도의 고수들이 있습니다. 이 사람들이 트렌드를 만들어가죠. 레벨 10의 고수들의 일하는 방법을 알 필요가 있습니다. 조금씩 적용해나가면 성장할 수 있죠.

어떻게 적용할 수 있을까요? 관련 분야의 공부를 하고 책을 읽어야 합니다. 책에는 저자가 전달하고자 하는 메시지가 담겨 있거든요. 책을 읽으면서 저자와 끊임없이 대화하면서 정보를 얻어보세요. 아무 정보 없이 혼자 시행착오를 겪다가는 언제 고수가 될 수 있을지 모릅니다. 방향성을 알아야 해요.

주변에 있는 하수들은 무리를 이루며 자신의 영역을 표시합니다. 자신들이 알고 있는 것이 진리라고 생각하죠. 이럴 때 어떻게 대처하라고 말씀드렸나요? '그러라 그래.', '그럴 수 있어.'라고 생각하시면 됩니다. 그들은 거기까지니까요. 이건 이렇고 저건 저렇다고 말해줄 필요도 없습니다. 알려고 하지 않으니까요.

사람들 간의 관계에서 하수들의 무리와 마주치면 좋지 않습니다. 피하세요. 그래도 혹시 다가온다면 어떻게 행동하는지 잘 관찰하세요. 의외로 허술한 부분이 많으니까요. 중요한 것은 그들은 몰라요. 자신의 취약점은 모른 채 살아가는 사람들이니까요. 힘들게 하는 무리가 있다면 어떻게 할까요? 그냥 내버려 두고 신경을 쓰지 않는 방법이 가장 현명한 방법입니다.

선 넘지 마세요

일하다 보면 자신이 세상의 중심이라고 생각하는 사람들을 만나게 됩니다. 본인을 위주로 모든 구조가 움직여야 한다고 생각하는 거죠. 사회가 한 사람의 이득을 위해서만 움직인다면 누가 일하려고 할까요? 회사의 설립자라고 하더라도 말입니다. 이 사람들은 자신의 이익에 굉장히 민감합니다. 나의 것을 빼앗아서 자신의 이득을 취하려고 하죠. 심리적으로 교묘하게 이용하기까지 합니다. 자신을 위해 다른 사람을 조종해요. 무례한 말을 일삼기도 하고요.

이런 사람들이 자신의 마음에 들지 않는 상황이 발생할 때는 어떻게 할까요? 좋지 않은 말을 당연하게 하기도 합니다. "내가 한창 일할 때는 이렇게 안 했어."로 이야기를 시작합니다. 라테를 찾아가면서 말이죠. 이런 상황이 발생하면 어떤 것부터 해야 할까요? 상대방이 왜 그런 행동을 했는지 파악해 보는 것이 우선입니다. 그래야 개선이 될 수 있어요. 혹시 상대방의 행동이 마음에 들지 않더라도 말입니다.

이런 성향의 사람들과는 거리를 두고 지내는 것이 좋습니다. 어차피 친해질 이유도 없습니다. 삶의 목표가 다르거든요. 관심을 다른 곳에 두는 것이 좋습니다. 혹시 대화할 일이 생기거든 민감하게 반응할 필요도 없습니다. 단, 선을 넘는 경우는 반드시 잘못된 행동에 관해 말해주어야 합니다.

"선 넘지 마세요!"

주변에 다들 친절해 보이지만 의외로 무례한 사람들이 많습니다. 사람들과의 관계는 사람마다 다르니까요. 서로의 상처를 조금씩 감싸주고 도와주는 사람들과 지내는 것이 좋습니다. 서로의 관계를 이용하고 이용당하는 처지는 관계를 유지하기 어렵기 때문입니다.

6.

상대방의 이야기를
들어보세요

강단 있는 사람으로 보이고 싶다고요?

주변을 둘러보면 편안하면서도 강단 있는 사람들을 만날 수 있습니다. 사람들을 편안하게 해줍니다. 항상 긍정적인 생각과 행동을 하죠. 거기에 반전도 있습니다. 특정한 상황이 발생하면 순간적인 판단도 정확합니다. 어떤 상황이든 잘 해결해 나갈 수 있는 능력을 갖춘 거죠.

이런 사람들은 어떤 특징을 가지고 있나요? 상황의 지도력과 순간적인 판단이 조화를 이루고 있습니다. 다른 사람들을 편안하게 만들어 주기도 하고요. 자신의 삶을 유지하는 데도 도움을 줍니다. 새로운 상황이 발생해도 모두를 이끌어 갈 수 있는 능력이 있으니까요.

세상에는 풀리지 않는 수많은 일이 있습니다. 그중에서 사람들과의 관계가 가장 어렵습니다. 누구나 다른 생각을 하거든요. 내 생각과 다르다는 것이 틀린 것은 아니라는 것. 알고 계시죠? 사람마다 환경이 다르고 견해가 다르고 생각하는 것이 다릅니다. 관계가 가장 어려운 이유입니다.

누군가에게 이용당하기만 한다고 생각되시나요? 과감히 그 자리를 나오는 것도 하나의 방법입니다. 그 자리에서 벗어날 때는 조건이 있습니다. 자신의 능력을 키우고 난 후에 나와야 합니다. 감정만 생각하고 바로 나왔을 때의 좌절감은 이루 말할 수 없습니다. 아무도 나에게 관심이 없는데 자신이 그렇게 생각하는 거죠. 실망감을 본인이 스스로 느끼게 되거든요.

다른 능력을 키울 때는 기존의 일과 관련이 있어도 되고 없어도 됩니다. 큰 방향성은 모든 일은 이타성이 기본이 되어야 한다는 겁니다. 다른 사람들이 필요한 일을 해주고 돈을 버는 거잖아요? 오늘 하루는 사람들에게 도움이 되는 일을 찾아보고 실행해 보는 건 어떨까요?

천천히 내려갈 수는 없을까요?

걷다 보면 많은 생각을 하게 됩니다. 풀리지 않던 일들도 정리가 되고요. 등산하면서 여러 가지 생각을 하는 분들이 많이 있습니다. 산행을 통해 자신의 한계도 느껴보고요. 산에 오르는 사람들과 함께 이야기도 하고 풍경도 감상하면서 산에 오르게 됩니다. 정상에 오르면 감격을 맞이하죠. 산을 정복했다는 기쁨을 누리기도 합니다.

정상에서 잠시 쉬었다가 출발합니다. 문제는 그다음부터입니다. 내리막길이죠. 내리막길이 오르막보다 가파르게 느껴지기도 합니다. 무게중심이 앞으로 쏠리면 넘어질 수 있습니다. 등산지팡이를 가지고 다니는 이유는 이때 도움을 받기 위함입니다. 물론 등산지팡이는 오르막에서도 요긴하게 사용합니다.

내리막길의 또 다른 점을 하나 빼놓았네요. 산을 오르면서 체력이 많이 소진되었습니다. 지쳐있죠. 정상에서의 휴식이 있었다고는 하지만 출발하기 전에 비하면 많이 힘든 상태입니다. 당연히 힘들 수밖에요. 그래서 내리막길을 내려올 때는 주변 풍경도 바라보고 천천히 내려와야 합니다. 같이 간 사람들이 있다면 가끔 말도 건네면서 말이죠.

어떻게 보면 '삶도 등산과 비슷하지 않나?' 하는 생각도 듭니다. 어리고 젊었을 때는 최고가 되기 위해 노력합니다. 하다가 포기하기도 하고요. 다른 목표나 방법으로 궤도를 수정하기도 하죠. 어느 순간 정상에 오르면 곧 내려가는 것을 준비해야 합니다. 올라갈 때부터 주변 사람들과 함께 올랐다면 조금 더 천천히 힘들지 않게 내려올 수 있을 텐데 말이죠.

사람들과의 관계는 힘들고 어렵습니다. 함께 살아가는 방법에 관한 고민도 필요합니다. 노후에 조금 외롭지 않게 살아가려면 어떻게 해야 할까요? 젊었을 때부터 주변 사람들과 함께 생각을 공유하고 살아가는 것이 필요하지 않을까요? 산의 정상에 올랐다고 하더라도 산을 정복한 것이 아닙니다. 세대교체가 진행 중이니까요. 천천히 내려오는 법을 알아보아야 하는 이유입니다.

상대방의 이야기를 들어보세요

'젊어서 고생은 사서 한다.'라는 말이 있습니다. 대뜸 왜 꼰대 같은 이야기를 하냐고요? 살다 보면 고생할 수밖에 없거든요. 내 마음대로 되는 일이 뭐 있던가요? 경험이 쌓이고 쌓이다 보면 슬기롭게 헤쳐 나가는 방법은 배우게 됩니다. 누가 알려주냐고요? 아니죠. 스스로 깨닫게 되는 겁니다. 조금이라도 어렸을 때 고생을 해보면 나중에 는 쉽게 풀어갈 수 있기 때문이죠.

좋은 일만 가득한 삶을 살아가기를 바랍니다. 삶을 살아가다 보면 그렇지 않은 경우도 많습니다. 자격증 시험공부를 하는 데 항상 합격 할 수도 없고요. 내가 좋아하는 일만 일어나기도 어렵습니다. 성과를 얻기 위해 부단한 노력이 필요합니다. 현재의 삶에 충실해야 하는 이 유입니다.

사람들과의 관계도 마찬가지입니다. 내가 좋아하는 사람만 만나면 좋겠지만 그렇지 못한 경우도 많습니다. 나와 다른 생각을 하는 사람 과 마주하게 되셨나요? 하나만 생각해보세요. 민물고기를 잡아서 이 동하려고 합니다. 산소도 넣어주고 물고기들이 살아서 움직일 수 있 는 환경을 만들어요. 거기에 하나 더 '메기'를 넣어줍니다. 메기를 피 하고자 다른 물고기들이 빠르게 움직이거든요. 물고기를 신선하게 보관하는 방법이죠.

사람들과 의견을 주고받을 때 감정이 상하는 때도 있습니다. '나는 맞고 너는 틀리다.'라는 식의 말을 하는 거죠. 나와 다른 생각을 하는 사람들의 이야기를 들어보세요. 경청은 새로운 영역을 넓혀주는 능력입니다. 내가 생각하는 것과 다른 이유를 살펴보세요. 나름의 논리도 발견하게 됩니다. '이 사람은 이렇게 생각하는구나.'라는 통찰이 생기는 겁니다.

자기 계발 영상이나 관련한 책을 읽다 보면 공통점을 발견할 수 있어요. 이런 공통점은 사람들의 생각을 조금씩 바꿔줍니다. 공통점이 내 생각이 유사한 경우는 생각의 폭이 넓어졌다고 생각하면 됩니다. 내가 포용할 수 있는 범위가 늘어난 거니까요. 그만큼 성장한 거예요. 이러한 과정은 성공할 수 있는 원동력이 됩니다. 생각의 영역을 확장하면서 다양한 경험을 해보세요. 더욱 행복해질 수 있답니다.

7.

언젠가부터
라떼는 말이 되었다

내공을 쌓아 보세요

'번아웃 증후군'이란 열정적으로 일하던 사람이 맡은 일에 회의를 느끼는 현상을 말합니다. 마지막에는 아예 놓아버리기도 하죠. '소진' 된다는 표현을 사용하기도 합니다. 그 일에 부단한 관심을 가지던 사람이 왜 갑자기 놓아버리게 되는 걸까요? 어떤 일을 하던 적당한 보상이 있어야 합니다. 그런데 그렇지 못할 때도 있죠. 열정페이라고도 합니다.

계속해서 같은 일을 하면 피로해지기도 하거든요. 이때 무언가 다른 자극을 줄 수 있는 강화를 제공해야 합니다. 그렇지 않으면 쉽게 지치게 되죠. 일이 너무 단조로워지기도 합니다. 같은 일을 계속하면 요령이 생기잖아요? 그러면 일에 투자하는 시간이 줄어듭니다. 압축해서 일하게 되기도 하고요. 이 시간만큼 성장할 수 있는 무언가를 제공해 주는 것이 좋습니다.

업무를 하다 보면 스트레스가 쌓이게 마련입니다. 문제가 잘 풀리지도 않고요. 이때 어떤 방법으로 스트레스를 풀어나갈 것인지에 관한 고민이 필요합니다. '혹시 내가 하는 일이 잘못된 것은 아닐까?'라고 생각하기도 하죠. 누군가의 조언이 필요한 때이기도 합니다. 주변에 이런 고민을 하는 사람들이 있으신가요? 잠시 커피 한잔하시면서 이런저런 이야기를 해보시는 건 어떨까요?

나무에는 나이테가 있습니다. 사람도 마찬가지죠. 삶을 살아가면서 한 해 한 해 성숙해집니다. 마음도 성숙해질 수 있는데요. 심리적으로 고통을 받고 있다면 적극적으로 해결해 보려고 노력해 보세요. 고통스러운 생각에서 벗어나면 한 단계 성장하게 되는 겁니다. 나중에 비슷한 상황이 발생해도 어렵지 않게 해결할 수 있게 되고요. 쉽지는 않지만 부딪혀보고 이겨 내야 합니다.

무술 수련을 오래 한 사람을 보고 '내공이 있다.'라는 말을 하곤 합니다. 내공은 어떻게 생기고 어디에서 나오는 걸까요? 쉽게 만들어지는 것은 아닙니다. 아픈 만큼 성숙해진다고 하잖아요? 조금 어려운 과제를 풀어나가면서 성숙해질 수 있습니다. 어려울 때 피해 가는 방법도 있습니다. 항상 피해 갈 수 있는 건 아니잖아요? 내공이 느껴지도록 적극적으로 문제를 해결해 보세요. 이 과정에서 한 단계 더 성숙해질 수 있답니다.

다른 사람이 나에게 화내라고 한 적이 있나요?

다른 사람들과의 관계에 어려움을 느끼시나요? 내 생각과 맞지 않을 때는 스트레스로 느끼게 되기도 하죠. 상대방에게 심한 거부감을 느끼기도 합니다. 어떻게 하면 조금 부드럽게 상황을 대처할 수 있을지에 관한 고민을 하게 됩니다. 내 생각과 상대방의 생각이 다를 때는 어떻게 해야 할까요?

의견 충돌이 있을 때는 객관적인 시각에서 보아야 합니다. 나의 의견을 결정해 보아야 하는 거죠. 모든 사람은 주관적인 판단을 합니다. 자신이 처한 상황에 따라 판단을 하게 되니까요. 사람에 따라 메타인지 능력이 다른데요. 메타인지 능력이 뛰어난 사람은 자신을 객관적으로 볼 수 있습니다. 상대적으로 다각화해서 판단하게 되는 거죠.

다른 사람과 관계를 형성하고 유지하는 것은 어려울 수밖에 없습니다. 내가 아닌데 생각이 다를 수밖에 없지요. 이때 스트레스를 받게 될 수도 있어요. 스트레스는 내 생각과 다르거나 상황을 인정하고 싶지 않을 때 생기잖아요? 많은 스트레스를 받게 되면 건강에도 적신호가 옵니다. 마음을 잘 다스려야 해요. 이건 누가 도와주지 않아요. 자신이 해결해야 하는 거죠.

화를 내라고 이야기하는 사람은 아무도 없습니다. 자신이 화를 내는 거죠. 선택은 자신이 하는 겁니다. 왜 이런 상황이 발생했는지를 고민해 보아야 합니다. 어떻게 하면 상황을 헤쳐 나갈 수 있을지도요. 내가 좋아하지 않는 상황이 발생한다고 해서 나에게 모든 것을 맞출 수는 없잖아요? 그럴 때는 잠시 내려놓는 것도 좋습니다. 신경을 쓰지 않는 거죠. 스트레스를 받으면 나만 손해잖아요?

주변에서 일어나는 모든 일에 신경 쓰지 마세요. 마음을 잘 다스릴 수 있도록 해야 합니다. 다른 사람과의 관계를 잘 유지하는 방법을 아시나요? 나의 마음 한구석은 내어주는 것도 필요합니다. 귀퉁이에 자투리라도 좋아요. 다른 사람이 머물다 갈 곳이요. 이야기하면서 수용해 주고 인정해 줄 수 있으면 더 좋고요. 공감은 귀퉁이와 같은 작은 곳에서 시작되니까요. 일단 시작만 되면 어떤 결과가 있을지는 아무도 모릅니다.

중간은 누구에게도 맞지 않아요

우리는 평균에 익숙해져 있습니다. 그런데 생각해볼까요? 평균은 누구에게도 맞지 않습니다. 중간적인 입장이에요. 시험 점수도 평균에 맞춘다면 능력이 뛰어난 사람도 손해를 보게 되는 거죠. 시험 점수가 낮은 사람도 평균과는 맞지 않습니다. 진정한 나다움을 찾으려면 나만의 기준을 만들어야 해요. 나에게 맞추어야죠. 물론 다른 사람과 함께 살아가면서 나의 기준에 맞추기는 쉽지 않습니다.

필리핀에서는 문제를 풀었을 때 정답이면 빗금을 칩니다. 틀린 곳에 동그라미 표시를 하죠. 동전의 양면도 세워놓고 보면 전혀 다르잖아요? 바라보는 관점이 다르면 맞는 것도 틀렸다는 생각을 할 수도 있습니다. 사람들과 조화롭게 살아가는 방법은 매우 다양합니다. 한편으로 어렵기도 하죠. 모두 만족하기는 어려우니까요. 모두 내 편을 만들기는 어렵습니다. 일부는 버리고 가야 해요.

사회의 제도는 사람들의 약속으로 만들어졌습니다. 시대가 변화해도 같은 방법으로 유지되어 오고 있고요. 많은 사람의 의견을 이야기할 때 많이 쓰는 용어가 있습니다. '과반수', '평균' 등의 용어죠. 과반수가 찬성을 한다면 모두 찬성한 것은 아니잖아요? 반대 의견도 있는 겁니다. 평균은 어떤 집단의 특징을 고르게 한 것을 이야기합니다. 달리 생각해보면 누구에게도 맞지 않는 특징일 수도 있습니다.

'중도'란 어느 쪽에도 치우치지 않는 것을 말합니다. 불교에서 강조하는 용어이기도 하죠. 사람들과의 관계에도 적용됩니다. 다른 사람과 나의 합의점을 찾는데 요긴하게 쓰이죠. 서로의 생각이 다른 경우 중간지점에서 타협을 보게 되잖아요? 그 지점이 중도입니다. 중도를 지향하려면 방향성이 있어야 합니다. 윤리적으로 바람직해야 하는 거죠.

관계를 형성하고 유지하는 것이 어렵기도 합니다. 다른 사람과 함께 같은 관점을 바라보고 있다면 다양한 의견을 들어보세요. 내 생각의 빈틈을 찾을 수 있습니다. 누군가의 의견이 내 생각을 보완해 줄 수 있거든요. 반대의 관점도 내가 생각하지 못한 부분을 찾아볼 수 있어요. 모든 사람은 이 과정에서 성장하게 됩니다. 다양한 관점을 바라보는 힘이 필요한 이유입니다.

언젠가부터 라떼는 말이 되었다

꼰대를 아시나요? "라떼는 말이야~"로 시작하는 이야기를 즐겨 하는 사람들이 있습니다. 나이가 많은 사람들만 이런 말을 하는 것은 아닙니다. 20대들도 이런 사람들이 있어요. 자신의 경험이 차고 넘친다고 생각하는 거죠. 경력이 20~30년 되는 분들이 들으면 혀를 찰 일입니다. 혹시 내가 꼰대처럼 보이는 건 아닌지 생각해 볼 필요가 있겠습니다.

자기 위주로 살아가는 사람들이 있습니다. 꼰대를 넘어선 사람들이죠. 흔히 '소시오패스'라는 이야기를 하기도 합니다. 이들은 자신의 성공을 위해 수단과 방법을 가리지 않습니다. 반사회적 인격 장애로 분류되고 있어요. '사이코패스'와 구분할 필요가 있습니다. 사이코패스는 자신이 잘못한 것을 모릅니다. 소시오패스는 자신의 잘못을 알고 있죠. 딱 잘라 말하면 양심이 없어요. 주변에서 많이 찾아볼 수 있습니다.

일하면서 만나는 사람 중에 소시오패스의 성향을 지닌 사람들이 많이 있습니다. 다른 사람에게 피해를 주면서도 인지하지 못하는 경우죠. 성실하게 생활하므로 잘 티가 나지 않습니다. 윗사람에게만 잘하는 경향도 있어요. 자신이 생각한 틀 안에서만 행동하기도 합니다. 다른 사람의 실수를 발견하면 붙잡고 늘어지기 시작합니다. 조그마한 실수를 부풀려서 큰 것처럼 과장하기도 하죠.

소시오패스의 성향이 있는 사람들은 유심히 관찰하지 않으면 잘 티가 나지 않아요. 내가 살아가는 하루의 일과를 기록으로 남겨보는 것이 중요해요. 하루하루의 일상을 기록해 보면 나에게 영향을 주는 누군가를 발견할 수 있어요. 일상을 기록해 보세요. 차츰 주변에 있는 사람 중에서 양심 없이 행동하는 소시오패스를 발견하게 됩니다.

소시오패스를 발견하면 어떻게 하냐고요? 가까이하지 않는 것이 좋습니다. 나에게 피해만 주는 사람이거든요. 자신의 이득을 위해 수단과 방법을 가리지 않으니까요. 겉으로는 개방적이고 사람들을 좋아하는 것처럼 보이지만 그렇지 않습니다. 주변의 누군가와 함께 이야기를 나눠보는 것도 좋습니다. 쉽지는 않겠지만 험담을 하는 것처럼 보이지 않게 하는 것도 필요하겠어요.

우리나라 사람들을 모두 태권도를 하나요?

저는 춘천에 살고 있습니다. 20년쯤 전에 서울에서 대학원을 다닐 때의 일입니다. 조교를 했었거든요. 함께 일하는 조교 중 한 분이 저에게 물었습니다. "고향이 어디예요?"라고요. 저는 춘천이라고 말했고요. 돌아오는 질문은 이랬습니다. "집에서 닭도 키우고 그래요?" 순간 의문이 들었습니다. '춘천 사람들은 모두 닭 키우나?'라는 생각이요. 제가 닭을 좋아하기는 하지만 말이죠.

"대한민국 사람들은 모두 태권도를 하나요?" 우리나라 사람들이 해외에 나가면 이런 질문을 많이 받잖아요? 우리나라에 가장 유명한 것들과 연결을 시켜 질문해요. 우리나라의 모든 사람이 태권도를 잘 알고 있지는 않습니다. 춘천 사람들이 모두 닭을 키우지 않는 것처럼 말이죠. 상대방으로서는 친해지고 싶어서 이야기하는 것이기도 합니다. 너무 기분 나쁘게 받아들일 필요는 없겠죠?

일하면서 다양한 사람들을 만나게 됩니다. 나와는 성향이 전혀 다른 사람들도 있고요. 잘 맞는 사람들도 있습니다. 이 사람들과 모두 친해질 필요는 없어요. 잘 맞거나 맞지 않는다고 해도 말이죠. 제가 언젠가 관계 지도 그리기를 이야기한 적이 있죠? 나와 친한 사람들을 떠올려보고 서로의 관계를 지도로 그려보세요. 가까운 관계도 있지만 조금 거리 두기가 필요한 관계도 있습니다. 모든 사람이 같은 거리가 아니니까요.

관계가 참 어렵다는 이야기를 계속하게 됩니다. 다른 사람들이 내가 아니기에 생기는 일입니다. 다른 사람이 어떻게 생각하는지 알 수 있으면 좋겠지만 그렇지 못하잖아요? 답답하기도 합니다. '어떻게 하면 내 생각과 비슷하게 할 수 있지?' 하는 생각에 잠을 이루지 못하기도 하니까요. 상대방과 나와의 관계는 영원히 풀리지 않을 수도 있어요. 상대방의 마음속에 들어갔다 나오지 않는 이상 말이죠.

우리는 다양한 사람들과 함께 살아가야 합니다. 사회를 구성하고 있는 사람들이 모두 같은 성향일 수 없죠. 오히려 다른 생각을 하는 사람들이 모여 있어야 건강한 사회가 됩니다. 같은 생각만 하는 사람들만 있다고 생각해보세요. 조금이라도 다르게 생각하고 행동하면 소위 말하는 '왕따'가 될 수 있습니다. 다른 사람들은 어떻게 생각할지 고민해 볼 필요가 있죠. 소통이 중요한 이유입니다.

나의 내면을 발견하는 메타인지 여행 네 번째 발걸음,
나의 일상과 나다움 찾기

1. 나의 일상을 기록해보고 나다움을 찾아봅시다.

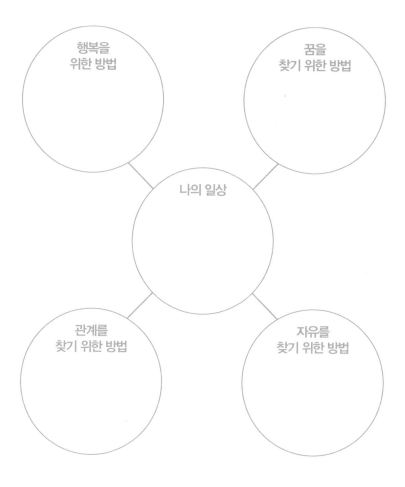

메타인지 찾기

내공을 쌓을 수 있는 방법은 어떤 것이 있을까요?

_____

_____

_____

_____

공감
마케팅으로
행복 만들기

1.

공감 여행을 떠나요

나의 공감 포인트는 무엇일까요?

당신은 지금 해외여행을 가고 있습니다. 비행기 안에서 누군가가 컵라면을 주문했어요. 그러자 여기저기서 컵라면을 달라고 이야기합니다. 라면의 맛있는 냄새가 공간에 가득 차기 때문이죠. 음식의 냄새가 생각을 지배할 수 있는 겁니다. 이런 요소를 마케팅에 응용한다면 어떨까요? 어렵지 않게 사람들과 소통할 수 있을 것 같지 않으세요?

빵을 만들어서 팔고 계시나요? 혹시 카페를 운영하고 계시나요? 빵 굽는 냄새를 풍기면 매출이 증가할 수 있습니다. 카페를 운영하고 있다면 커피 로스팅하는 '향'만으로도 사람들이 몰려들 수 있습니다. 작은 것 하나가 사람들의 마음을 움직입니다. 마음이 움직이면 행동하게 되고요. 새로운 시작을 할 수 있는 기반을 만들어낼 수 있습니다.

감각을 활용한 마케팅은 음식업에만 국한되지 않습니다. 드라마를 보는데 소리가 안 나온다고 생각해보세요. 재미가 있을까요? 등장인물의 대화가 있어야 하고요. 여기에 드라마에 몰입할 수 있도록 각종 음향효과를 넣어줍니다. OST와 같이 음악을 넣기도 하고요. 청각과 시각이 결합해서 몰입하게 해줍니다. 얼마나 공감하느냐에 따라 몰입도가 달라지죠.

우리가 살아가고 있는 환경은 사람들의 공감을 기반으로 구성됩니다. 모든 직업은 이타성을 바탕으로 한다고 하는 말도 같은 맥락입니다. 직업은 다른 사람들이 필요한 일을 해주고 수고비를 받는 형태니까요. 공감하고 만족했다면 큰 비용의 지급도 아깝지 않다는 생각을 하기도 합니다. 좋은 시간을 보낼 수 있으면 더욱 좋은 거죠.

사람들과의 관계에도 오감을 활용한 공감 마케팅이 필요합니다. 자신의 매력을 찾아서 사람들과 나눠보세요. 나의 향기를 뽐내 보는 겁니다. 내가 잘할 수 있는 것을 찾아서 공유해 보세요. 처음에는 다소 서툴러 보여도 반복되면 능숙해집니다. 모든 사람은 학습하게 되거든요. 조금씩 조금씩 노력해 보세요. 공감은 사람의 마음을 움직이고 행동하게 한다는 것 잊지 마시고요.

공간을 내어주면 공감할 수 있다

사람들은 누구나 공동체 생활을 하게 됩니다. 요즘 MBTI로 이야기를 많이 하는데요. E 성향을 지닌 사람들은 사람들을 만나면서 에너지를 얻습니다. 반대로 조용한 성향이 있는 사람들은 I 성향으로 표현합니다.

E 성향의 사람들 이야기를 먼저 해볼까요? 다른 사람의 기운을 느끼면서 성장하는 부류입니다. 이들은 끊임없이 이야기하려고 합니다. 사람을 만나면서 다양한 상황을 만들죠. 수다를 떨면서 공감하는 것을 말로 표현하는 과정에서 사람들 간의 관계를 만들고 성장합니다.

I 성향의 사람들이 다른 사람을 만나는 것은 어떤 의미가 있을까요? 다른 사람과 함께 하는 것은 에너지를 소진하는 형태입니다. 혼자 있으면서 에너지를 받아들이게 되죠. 상대적으로 사회성이 낮아 보이는 형태입니다. 주도적으로 생각하고 행동하는 성향이 강하죠.

사람들과의 관계를 형성할 때 가장 중요한 것은 무엇일까요? 다른 사람의 성향을 파악하고 어떤 것을 좋아하는지 확인할 필요가 있습니다. 자신의 성향과 다른 것이 틀린 것은 아니잖아요? 상대방의 감정을 확인해보고 대처하는 겁니다. 감정의 에너지가 있다면 어떠한 방향으로 흐르는지도 생각해 봅니다.

공동체 생활을 하면서 다른 사람의 처지에서 생각해보지 않을 수 없습니다. 나의 삶의 에너지는 어떠한 방향으로 흐르는지 생각해보고요. 마음을 닫지 않는 것이 좋겠죠. 상대방이 들어올 공간을 조금 내어주는 것도 필요합니다. 약간의 내어줌이 공감을 얻게 하는 비결이랍니다. 공감 마케팅은 어떤 상황에서도 빛을 발휘할 수 있거든요.

공감 여행을 떠나요

여행 좋아하시죠? 어렸을 때는 익숙하지 않은 곳에 자동차를 타고 여행을 간다고 하면 얼마나 기대되던지요. 혹시라도 비행기 타고 여행 간다는 이야기를 들으면 얼마나 가슴이 설레었는지 모릅니다. 집을 떠나 새로운 것을 경험하는 것은 많은 기대가 됩니다. 말로 표현하기 어려울 정도니까요.

코로나 19로 여행이 힘든 적도 있었습니다. 기름값은 사상 최저가

인데 여행을 갈 수 없으니 답답할 수밖에요. 바깥출입을 제한하니까요. 시간은 우리에게 그 시기를 모두 겪으며 다양한 경험을 할 수 있도록 해주었습니다. 여행이 주는 즐거움은 이루 말할 수 없습니다. 사는 터전에서 얻을 수 없는 무언가를 얻기에 여행만 한 게 없잖아요.

잠시 마음을 위로하고 싶다면 여행을 계획하게 됩니다. 이때 금전적인 여유가 없다면 어떻게 하시나요? 시간도 있고 같이 떠날 사람도 있는데 돈이 없는 거예요. 여행도 돈이 있어야 떠날 수 있잖아요? 이럴 땐 서점에 들러서 책을 한 권 사세요. 독서를 통한 여행을 해보는 겁니다. 작가와 대화를 하면서 잠시 다른 사람의 경험과 생각을 통한 공감 여행을 떠나봅니다.

다른 사람의 생각을 이해한다는 것은 쉽지 않은 일입니다. 나와 같은 생각을 할 수도 있지만 대부분 다르거든요. 비슷한 생각을 할 수도 있긴 합니다. 사람들은 살아온 환경이 다르잖아요? 지금 어떤 생각하고 있는지도 물어본다면 모두 다릅니다. 책을 읽는 습관을 들이면 이런 부분이 조금씩 이해가 가기 시작합니다. 다른 사람의 생각을 확인하면서 '그럴 수 있어.'라는 생각을 하게 되거든요.

다양한 경험을 해보세요. 여행을 떠나보기도 하고요. 새로운 취미를 만들어 보세요. 독서를 하는 것도 하나의 방법입니다. 가장 저렴하고 언제 어디서나 할 수 있는 공부이기도 합니다. 저자의 생각을 단시간에 파악할 수 있으니까요. 삶을 즐기려면 경험을 다양하게 해보고 느낌을 잘 정리해두어야 합니다. 공감을 통한 관계의 출발점이 될 수 있답니다.

2.

중요한 것은
나의 마음입니다

중요한 것은 나의 마음입니다

사람들과 만나면서 상처를 받으시나요? 내가 속한 그룹에서 나만 소외된다는 생각을 받지는 않으시나요? 혹시 이런 상황이 발생하면 어떻게 행동하시나요? 어떻게 하면 슬기롭게 해결할 수 있을지 생각해보는 시간도 필요합니다.

여러 사람과 만나다 보면 상처받을 때가 있습니다. 그렇다고 바로 기분 나쁘다고 표현하기도 힘들고요. 혼자 속으로 끙끙 앓다가 결국 슬픔에 잠기기도 합니다. '누가 나의 기분을 알아주었으면 좋겠는데.' 하는 생각을 하면서 말이죠. 누군가에게 털어놓고 이야기하기도 쉽지 않습니다. '이상한 사람이라고 생각하면 어떻게 하지?' 하는 생각도 있고요.

　내 삶을 살아가는데 다른 사람을 의식할 필요는 없습니다. 다른 사람이 무심코 던진 한마디의 말에 상처를 받으셨나요? 상대방이 한 이야기에 관하여 마음에 담아두고 기분 나빠하시지는 않으셨나요? 다른 사람의 이야기는 마음에 담아두지 마세요. 나의 기분을 조절할 수 있는 사람은 상대방이 아닙니다. 자기 자신이죠. 상대방은 의도하지 않고 던진 말인데 나의 마음만 상하는 거예요.

　이런 상황에는 '그러라 그래.'라고 생각해보세요. 그냥 흘려 넘기는 거죠. 마음에 담아두면 상대방에 대한 마음을 닫아버리기도 하거든요. 다른 사람과 원수지간으로 지낼 게 아니라면 관계는 유지하는 편이 낫습니다. 100세 시대에요. 상대방에게 언제 어떻게 도움을 받게 될지 모르잖아요? 조금 내가 손해 본다고 생각하고 대하세요. 상대방의 행동이나 말에 상처받지 않을 수 있습니다.

　나의 마음이 안정을 찾으려면 어떻게 해야 할까요? 다른 사람의 말에 내가 휘둘리면 안 돼요. 중심을 잡고 있어야 하죠. 주관을 가지고 생활하다 보면 방향이 잡히거든요. 주변의 사람에게 상처를 받지 마세요. 그 사람은 상처를 주려고 하는 것이 아닙니다. 내가 스스로 상처받은 거죠. 마음 굳게 먹고 나 자신을 지킬 방법을 찾아보세요. 상처를 받느냐 받지 않느냐는 마음먹기에 달려 있다는 것 잊지 마시고요.

도전은 흐름을 변화시킬 수 있다

어떤 일이든 끈기를 가지고 끊임없이 노력하면 이루어집니다. 한 가지 조건이 있습니다. 포기할 건 포기해야 합니다. 이것저것 한꺼번에 모두 하려고 하면 이루어지기 어려운 것들도 있죠. 쉽게 이야기하면 '두 마리 토끼'를 모두 잡으려고 하면 둘 다 놓치게 되는 경우를 말합니다.

새로 시작하는 일에 두려움을 가지고 있나요? 모든 일은 2가지의 접근 방법이 있습니다. 하나는 피해 가는 거고요. 다른 하나는 잘근 잘근 씹어 먹는 겁니다. 분석하고 노력해서 해결해 나가는 거죠. 처음부터 잘하기는 어렵습니다. 하나씩 해결하면서 성장하죠. 조금씩 노력하다 보면 언젠가는 베테랑이 될 수 있습니다.

조금 하다가 '잘 안 되네.'라는 생각에 그만두면 아무것도 하지 못합니다. 시작했으면 끝을 본다는 생각으로 진행해야죠. 큰 꿈은 처음부터 이루어지지 않습니다. 조금씩 부담 없이 진행하는 일들이 쌓이고 쌓이면 성과로 나타납니다. 이 일을 해야겠다는 생각이 들면 꾸준히 진행해 보세요. 언젠가는 그 분야의 최고가 될 수 있습니다.

삶에는 흐름이 있습니다. 내가 어떤 선택을 하느냐에 따라 흐름을 타고 가기도 하고요. 흐름을 거스르는 때도 있어요. 이때는 부단한 노력이 필요한데요. 흐름을 거스르려면 엄청난 노력이 있어야 해요. 내가 원하는 방향으로 가야 하니까요. 심적인 고통이 따를 수도 있어요. 다른 사람이 나를 인정해 주지 않는다고 생각하게 될 수도 있으니까요.

이런 선택을 할 때도 메타인지가 필요합니다. 나를 최대한 객관적으로 볼 수 있는 능력이 있어야 하는 거죠. 흐름에 편승하면 조금 더 쉽게 흘러갈 수 있습니다. 삶과 싸우느냐 즐기느냐는 자신의 선택에 달려 있거든요. 욕심은 내려놓고 자신이 가장 잘할 수 있는 것을 선택해 보세요. 조금만 노력하면 최고가 될 수 있답니다. 과감히 포기하면 다른 방면에서 성공할 수 있는 확률이 높아진다는 것도 기억하세요.

생각의 다름은 또 다른 생각을 할 수 있습니다

물에 열을 가하면 끓어오릅니다. 섭씨 100℃가 되어야 하죠. 그전에 열을 제거하면 물은 끓지 않습니다. 보글보글하기 시작하다가 사그라들고 말죠. 어떤 일을 준비하고 노력하는 때도 있습니다. 성급하게 판단하고 '난 안 돼.'라고 생각하게 되기도 합니다. 조금만 더 노력해 보면 결과가 나타나지 않을까요?

한 분야의 전문가가 되는 데 필요한 시간은 어느 정도 될까요? 최소 1만 시간은 그 일에 전념해 보아야 합니다. 빠르면 2년 반~3년 정도는 투자해야 하는 거죠. 몰입해서 준비하면 조금 더 빨라지기도 합니다. 한 분야에 몰입하여 준비하기가 그리 쉽지는 않습니다. 끈기를 가지고 노력해야 가능하죠.

조금씩 자신을 가꿔보세요. 내가 좋아하는 것은 무엇인지, 추구하는 삶은 무엇인지 확인해 봅니다. 진정한 나다움을 찾아보세요. 내가 할 수 있는 일의 최고가 될 수도 있습니다. 나다운 삶을 살아가다 보면 누군가에게 도움을 줄 수 있는 원동력이 됩니다. 이타성으로 발휘되기 시작합니다. 결국 다른 사람을 위한 것이 나를 위한 것이 됩니다.

사람들과의 관계가 어렵게 느껴질 수도 있습니다. 다른 사람은 나와 같은 생각을 하지 않습니다. 내 생각과 다른 것이 틀린 것은 아니라는 이야기를 드린 적이 있습니다. 같은 상황을 보고 느끼는 게 다릅니다. 생각하는 방법이 다르죠. 결과적으로 다른 판단하기도 합니다. 서로의 생각이 다르니까요.

사회를 구성할 때 같은 생각을 하는 사람들만 있다면 어떻게 될까요? 오히려 혼란스러울 수 있습니다. 공동체는 성향이 다른 사람들로 구성되는 것이 좋아요. 서로 장점과 단점을 보완하면서 빈틈을 메꿀 수 있거든요. 서로 협력하면서 더 완벽한 계획을 세울 수 있죠. 사람들이 서로 다른 생각을 하기에 가능한 일입니다. 생각이 다른 사람들과 함께 살아가는 것은 사회를 지탱하는 힘입니다. 사람들과의 관계에서 생각의 다름은 또 다른 생각을 할 수 있는 원동력이 될 겁니다.

3.

좋은 사람 있으면
소개시켜 줘

매일 새로 만나는 소중함을 느껴보세요

겨울철 캠핑하는 분들 많으시죠? 날씨가 추워지면서 피워둔 난로에서 나온 일산화탄소로 사망하는 경우도 있습니다. 교통사고는 0.1초 사이로 일어나기도 하잖아요? 갑자기 죽음을 맞이한다면 어떤 기분일까요? 뉴스에서 볼 수 있는 갑작스러운 사고는 당황스럽기까지 합니다. 어찌 보면 황당한 죽음을 맞이할 수도 있습니다.

하루하루가 소중합니다. 이 간단하면서도 명확한 진리를 잊고 살아가는 경우가 많습니다. 아침에 '눈을 당연히 떠야 한다.'라고 생각하는 거죠. 주위를 둘러보면 갑자기 '돌연사'를 하는 분들도 있습니다. 저녁 식사도 잘하고 잠자리에 들었는데 깨어나지 못하는 거죠.

남아 있는 가족들은 황망하기까지 합니다. 당사자는 아무것도 정리하지 않은 채로 떠나게 됩니다.

우리의 삶이 언제 어떻게 될지 아무도 모릅니다. 어떻게 보면 다른 사람과 다투며 살아갈 이유도 없습니다. 세상을 떠나면 그만인걸요. 여유를 가지고 베풀면서 살아가는 건 어떨까요? 내가 '이 세상에 살아가면서 어떤 존재로 기억될 것인가?'에 관한 생각을 해보는 건 어떨까요? 일상을 살아가면서 최선을 다할 힘이 될 수 있습니다.

시한부 인생을 살아가는 유튜버가 있었습니다. 하루하루의 일상을 영상으로 남겨두었죠. 뉴스를 보니 이 유튜버는 이미 세상을 떠났다고 합니다. 영상으로 하루하루 감사한 내용을 남겨두었더라고요. 건강이 좋지 않은 상황인데도 말이죠. 쉽지 않았을 겁니다. 곧 세상을 떠날 거라는 걸 알고 있으니까요. 매일 긍정적인 생각을 하면 긍정적인 행동으로 이어집니다. 행복하게 살아가는 방법입니다.

저녁에 잠들기 전에 일과를 돌아보세요. 오늘은 어떻게 살아왔는지 생각해보는 겁니다. 감사일기를 써보는 것도 좋습니다. 오늘 어떤 사람과 만나서 반가웠다는 이야기도 좋고요. 주고받은 대화에서 인사이트를 얻었다면 기록해둡니다. 언젠가는 다시 활용할 수 있도록 말이죠. 기록은 새로운 것을 준비하는 가장 쉬운 전략입니다. 매일 새로운 것을 만날 수 있다면 그것만으로도 행복할 수 있습니다.

좋은 사람 있으면 소개시켜 줘

'좋은 사람 있으면 소개시켜 줘~'로 시작하는 노래가 있습니다. 꽤 오래전 노래입니다. 지금 들어도 좋은 느낌이 들어 가끔 듣곤 합니다. 좋은 사람이란 말, 참 추상적입니다. 나에게 좋은 사람인데 다른 사람에게는 아닐 수 있거든요. 다른 사람들에게는 좋은 사람인데 내가 느끼는 것은 그렇지 않을 수도 있고요. 어떻게 하면 좋은 사람이 될 수 있을까요?

좋다는 말은 주관적입니다. '만족할 만하다.'라는 해석을 하는 거죠. 같은 상황이어도 서로 다른 느낌을 받습니다. 사람에 따라 느끼는 감정이 다르기 때문입니다. 사람의 성향이 모두 다른데 어떻게 내 기준에 맞출 수 있나요? 모든 사람을 만족시킬 수는 없어요. 조금은 포기해야 합니다. '싫어하면 어떻게 하지?'라는 생각에 집착하다 보면 관계가 더욱 어려워집니다.

모든 사람에게 좋은 사람으로 느껴지려면 어떤 사람이어야 할까요? 정직해야 합니다. 거짓된 모습을 보이면 좋은 사람으로 느껴지지 않습니다. 유명한 연예인들이 마약 사건에 연루되었다는 사실이 확인되면 실망하게 되죠. 그동안의 느껴왔던 이미지가 사라지게 됩니다. 의혹만 품고 보도를 하는 예도 있는데요. 사실이 확인될 때까지는 비판하는 것은 자제하는 것이 좋습니다. 아닐 수도 있으니까요.

남녀관계에서 좋은 사람은 서로에게 호감을 느낄 수 있으면 됩니다. 좋아하는 감정은 사랑으로 이어질 수 있죠. 그런데 참 묘합니다. 사랑하게 되면 조금 마음에 들지 않아도 그냥 넘어가는 때도 있습니다. 콩깍지가 씌었다고 표현하기도 하죠. 마냥 좋게만 보이기도 하고요. 그러다 헤어지면 현실이 됩니다. "내가 미쳤지."라고 이야기하기도 하죠.

관계는 상대적입니다. 누군가에게는 좋은 사람일 수 있지만 다른 사람에게는 나쁜 사람으로 느껴질 수 있습니다. 어떤 사람에 관한 평판은 반만 믿으면 되죠. 나에게는 다를 수 있기 때문입니다. 다른 사람을 비판할 때에는 사실인지 아닌지를 먼저 파악해야 합니다. 사람들이 사회를 구성하고 살아가는 이유를 생각할 필요가 있습니다. 서로 부족한 부분이 있다면 메워주고 도와주며 살아가야 하는 겁니다.

SNS로 만나는 관계도 소중합니다

얼마 전 제가 활동하고 있는 협회의 총회가 있었습니다. SNS를 기반으로 운영되는 온라인 카페에서 만난 분들이에요. 1년에 한 번 정도 직접 만날 기회가 있습니다. 자주 보는 관계보다 더 익숙하고 반갑더라고요. 온라인상에서만 2년을 만났는데 실제로는 처음 보는 분들도 많이 계셨어요. 가까이에 근무하는 분들은 전혀 관심도 없는데 이분들은 관심을 보여주기도 하니까요. 이런 이야기를 하는 이유가 있습니다.

일과 가정 두 개만 놓고 살아가는 분들이 많이 있습니다. 이렇게 생활하다 보면 문제가 생길 수 있어요. 내가 생각하는 무언가를 풀어놓을 데가 없는 거죠. 고민이 있거나 상담이 필요할 때 다른 누군가를 만나볼 필요가 있습니다. 다양한 생각을 하는 사람들을 만날 기회가 있어야 해요. 시각을 넓힐 수 있게 말입니다. 좁은 곳에서 만나는 사람들이 세상의 중심은 아니거든요. 시야를 넓혀보세요. 세상이 달리 보이기 시작할 겁니다.

요즘은 SNS로 많은 사람을 만나게 됩니다. 코로나 19 팬데믹으로 가속화된 경향도 있습니다. 이전에는 아이들이나 학생들 위주였다면 지금은 중장년층도 SNS 활동을 활발하게 합니다. SNS를 보면서 우울감을 느끼는 분들도 많이 있어요. 다른 사람과 나를 비교하게 됩니다. 이런 단점들이 주목받으면서 활용을 안 하시는 분들도 계시더라고요. 단점보다는 장점을 찾아보겠습니다.

사람들의 건강 상태를 확인할 때 어떤 것을 먼저 볼까요? 가장 중요한 것 두 가지만 꼽아볼게요. 잠을 얼마나 잘 자고 있는지 확인하고요. 두 번째는 어떤 음식을 먹는지를 봅니다. 이것만 보아도 신체의 건강도 알 수 있고요. 심지어 심리적인 그것까지도 파악할 수 있다고 합니다. 신기하죠? 요즘 혼밥족들이 많이 있잖아요? 같은 사무실에서 일하는 사이라도 따로 나가서 혼자 먹기도 하니까요.

요즘 사람들은 SNS를 통해 시야가 넓어집니다. 사회가 발전하면서 내가 모르던 것들까지도 알게 되지요. SNS 플랫폼마다 추구하는 특성이 있어요. 예를 들면 요즘 보급되고 있는 스레드라는 플랫폼은 반말로 이야기합니다. 무언가 정보를 주고받으면서 친근감을 느낄 방법인 듯해요. 다소 거부감이 들기도 해요. 정확히 왜 반말로 이야기하는지는 저도 아직 알지 못합니다. 혹시 알고 계시면 DM 주세요.

4.

오늘 행복해야 하는
이유를 아시나요?

나를 위하려면 다른 사람을 위해 보세요

우리 민족은 공동체를 바탕으로 살아왔습니다. 우리라는 말에 익숙하죠. 나와 너가 모여서 우리가 됩니다. 광고로 활용되기도 했었습니다. 함께 살아가는 것에 관한 고민이 필요한 시점이기도 합니다. 누군가가 함께한다는 것은 큰 힘이 됩니다. 평소에는 잘 느끼지 못하더라도 힘들 때 느낄 수 있습니다. 지원하는 사람이 있다고 생각만 해도 힘이 나기도 합니다.

가끔은 삶을 살아가면서 지치게 될 때도 있습니다. '내가 하는 일이 옳은 것인가?' 하는 생각이 들기도 하고요. 무언가 대접을 받지 못한다는 생각이 들기도 합니다. 여러분들은 머릿속이 혼란할 때 어떻게 하시나요? 누군가와 함께 대화를 해보면 정리가 되지 않으시나요? 혼자서는 정리하기 어려운 일들도 함께하는 누군가가 있으면 쉽게 정리가 되기도 합니다.

글을 쓸 때를 살펴볼까요? 일정 분량의 글을 썼습니다. 글을 쓰다 보면 오타가 있기도 합니다. 자신이 쓴 글을 퇴고할 때에는 잘 보이지 않거든요. 다른 사람이 검토를 시작하고 얼마 되지 않아 오타를 찾아내기도 합니다. 오타는 다른 사람이 찾아주면 오히려 더 수월하게 찾을 수 있죠. 누군가가 쓴 글을 검토하고 검사한다는 것이 부담스러울 수 있는데요. 오히려 오픈해 보면 객관적인 시각에서 바라볼 수 있습니다.

나만 생각하고 행동하는 것보다는 다른 사람을 먼저 생각해야 합니다. '이타성'이라는 단어로 표현하는 것이 맞겠네요. 다른 사람에게 어떻게 하면 도움이 될 수 있을지에 관한 고민을 해보는 것도 좋겠습니다. 다른 사람을 위해 일하는 것이 나를 위해 일하는 길입니다. 아닌 것 같지만 마음을 비우고 실천해보세요. 남에게 베푸는 모든 일이 나에게 돌아옵니다.

선거철이 되면 각자의 진영으로 나뉘어 갈등이 생기곤 합니다. 서로의 입장만 이야기할 것이 아니라 공동체가 발전할 수 있는 방향이면 좋겠습니다. 진영을 넘어서 함께 발전할 수 있도록 말입니다. 갈등은 최소화하고 이타성의 실현이 가능하도록 준비할 필요가 있습니다. 어떤 조직의 회장 선거에 나갔습니다. 당선되지 않으면 어떻게 하는게 현명할까요? 상대 진영의 학생과 손을 맞잡으면 됩니다. 원하는 직책은 아닐 수도 있지만 다른 사람들을 위한 일을 할 수 있거든요.

거시기가 거시기한 이유를 아시나요?

영화 〈황산벌〉을 보셨나요? 극 중 이문식 배우가 즐겨 쓰는 말이 있습니다. '거시기'죠. 배우의 극 중 이름도 거시기입니다. 극 중에서 "거시기가 거시기해서 거시기해요."라고 이야기하면 극에 등장하는 사람들은 이해하고 움직입니다. 유머로 활용되는 내용이기도 한데요. 관객들은 코믹한 분위기에 재미를 느끼곤 합니다. 중요한 것은 모호한 표현이라는 겁니다.

이런 모호한 표현이 조금씩 변화하고 있습니다. 구체적으로 지칭해서 표현하는 방식을 바꾸고 있죠. 메타버스, 인공지능과 같은 단어들도 추상적이었잖아요? 어느 순간 우리의 삶의 일부가 되어버렸습니다. 가상공간에서 직접 활용하고 있고요. 챗GPT를 활용해서 다양한 플랫폼을 만들어내고 있습니다. 미래 기술은 이미 우리가 활용하고 있는 거죠.

초 · 중 · 고등학교나 대학에서 배우는 학문도 어떻게 보면 이런 방식으로 해석할 수 있습니다. 자동차 정비를 예로 들어볼게요. 자동차를 정비하려고 합니다. 이론 위주로 배운다고 생각하고 목차를 나열해 볼까요? 자동차의 역사, 자동차의 부품, 작동 원리, 구성요소 등등을 배울 수 있겠죠? 물론 이런 내용도 중요합니다. 그런데 목적은 자동차 정비잖아요? 이론만 가지고는 적용하기 어려워요.

이럴 땐 구체적으로 접근해야 합니다. 예를 들어볼게요. 엔진오일을 교환하는 방법을 실습해보는 겁니다. 오일 팬의 드레인 볼트를 풀고 기존의 오일을 배출하는 것부터 진행해야죠. 구체적인 것들이 필요하다는 거예요. 일하는 것도 마찬가지입니다. 실제 필요한 구체적인 산출물이 있다면 말이죠. 낚시의 역사나 낚싯대의 규격을 배우고 바다낚시를 떠나는 것만큼 멍청한 짓을 하는 사람은 없겠죠?

실생활에 필요한 교육이 필요한 이유입니다. 이론으로 아무리 접근해 봐야 적용하지 못하면 필요 없는 지식입니다. 학문으로 배우는 지식이 생활에 적용되고 활용될 수 있도록 해야 하죠. 구체적으로 적용되도록 생각해보는 것도 좋겠습니다. 거시기가 거시기해서 거시기하지 않도록 구체적으로 거시기하는 것도 좋습니다. 무슨 말이냐고요? 미래 사회를 잘 준비하자, 뭐 이런 이야기였습니다. 거두절미하고 무조건 실행하면 됩니다.

오늘 행복해야 하는 이유를 아시나요?

여러분은 삶에 만족하시나요? 내가 하는 일을 잘하고 있는 건지 궁금하지 않으세요? 누군가 내가 살아가고 있는 것에 관한 피드백을 주면 좋겠다는 생각해 본 적 있으신가요? 저는 대학 다닐 때 이런 생각을 많이 했습니다. 고등학교 다닐 때까지는 학교에서 성적을 끊임없이 점검해 주고 부족한 점, 보완할 점을 알려주잖아요? 대학에서도 이런 역할을 누가 해주면 좋겠다는 생각을 했어요.

누구나 시행착오를 거치게 됩니다. 지금 생각해 보면 나의 객관적인 상태를 알지 못했었다는 생각이 드네요. 누군가가 나의 상태를 점검해 주기를 바라는 것 말이에요. 나를 점검하는 것은 결국 혼자 해야 하는 일입니다. 그런데 객관적으로 나를 판단하기가 쉽지 않아요. 자연도 계속 변화하잖아요? 사회의 변화에도 발맞추어야 합니다. 내가 어느 정도 발전했는지도 평가해야 하니까요.

끊임없이 변화하는 상황에 어떻게 하면 나의 상태를 판단할 수 있을까요? 목표 설정은 잘하고 있는 건지, 얼마나 노력해야 하는지 말입니다. 중요한 것은 객관적으로 판단할 수 있으면 좋겠어요. 나를 평가하면서 매정하게 최저점을 주는 것도 좀 그렇지 않나요? 푸근하게 점수를 주고 싶다가도 '너무 후하게 주면 객관적으로 보는 게 아니지.' 하는 생각도 들고요. 나를 객관적으로 보는 건 정말 어렵습니다.

메타인지는 나의 능력을 객관적으로 평가할 때 꼭 필요한 힘이죠. 어떻게 보면 사회의 일원으로 살아갈 때 있어야 하는 능력이기도 합니다. 내가 어떤 일을 얼마나 할 수 있는지를 판단할 수 있는 수치니까요. 극단적으로 생각해볼까요? 게임을 할 때 캐릭터가 가지고 있는 능력치처럼 확인할 수 있으면 좋겠어요. 아침에 일어나면 오늘의 능력치는 100%로 시작하는 거죠.

안타깝게도 사람들의 일상은 그렇지 못합니다. 객관화하고 싶어 하기는 하지만 쉽지 않죠. 수치화하는 것은 더더욱 어렵습니다. 내가 어느 정도의 위치에 있는지, 어떤 목표에 도달하고 있는지, 잘하고 있는 건지 이런 것들을 스스로 판단해야 하죠. 자신 스스로 만족하고, 목표 지점을 수정하면서 살아가야 합니다. 현재를 잘 살아야 미래의 내가 변화하니까요. 이것이 오늘 행복해야 하는 이유입니다.

나의 내면을 발견하는 메타인지 여행 다섯 번째 발걸음, 나는 누구인가?

1. 나는 누구인지 생각해보고 기록해봅시다

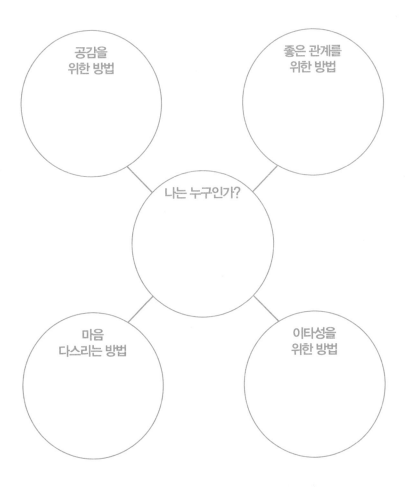

공감을
위한 방법

좋은 관계를
위한 방법

나는 누구인가?

마음
다스리는 방법

이타성을
위한 방법

메타인지 찾기

관계에도 메타인지가 필요한 이유를 생각해보고 기록해봅시다.

여러분 지금 행복하신가요? 나와 같은 생각을 하는 사람들과 함께 있으면 행복하기도 하잖아요? 반대로 그렇지 못할 때도 있습니다. 불행하다고 생각하지는 않으시나요? 중요한 것은 나의 마음이에요. 행복은 선택하는 겁니다. 행복은 누가 가져다주지 않거든요. 자신이 선택하는 거죠. 오늘 행복하려면 어떻게 해야 할까요?

더닝 크루거 효과는 인지 편향적인 관점을 소개하는 용어에요. 자신이 모른다는 것조차 알지 못하는 상태에 생기는 오류입니다. 자신이 가진 능력보다 과대평가하는 것을 말하죠. 오히려 능력이 뛰어난 사람이 자신을 과소평가하기도 합니다. 소크라테스가 이야기했다는 말이 있잖아요? '너 자신을 알라.'라는 말이요. 자신을 먼저 알아야 다른 사람도 알 수 있어요. 내가 어떤 상태인지를 알아야 하는 거죠.

메타인지란 자신이 아는 것을 알고 모르는 것도 아는 능력을 말합니다. 메타인지적 관점에서 관계를 살펴보세요. 이 책의 주제이기도 합니다. 먼저 나를 정확히 파악해야 합니다. 진정한 나다움은 무엇인지 깨달아야 하는 거죠. 사람들은 사회를 이루고 살아갑니다. 다른 사람들과 함께 살아가야 하는 거죠. 이야기하고 소통하는 과정에서 성장도 이루어집니다. 성장을 하다 보면 어느 순간 성공하기도 하죠. 성공이 그리 어려운 것은 아닙니다. 내가 생각하는 성공의 기준을 달성하면 되니까요.

그렇다고 성공의 기준을 너무 낮출 필요는 없습니다. 자신의 능력을 정확히 알면 약간 높은 수준의 지식을 습득하면 되니까요. 지식을 습득하기 위해 공부도 해야 하죠. 공부하는 방법은 의외로 단순합니다. 책을 읽는 방법, 강의를 듣는 방법, 다른 사람과 이야기를 하는 방법 등으로 정보를 얻어요. 공부는 정보를 습득해서 나의 말로 표현할 수 있으면 됩니다. 가장 중요한 생각을 해야 하는 이유죠. 내 생각을 바탕으로 말로 표현할 수 있어야 진정한 지식이 됩니다. 지식이 쌓이고 쌓이면 어느 순간 지혜로 표현됩니다.

지혜로운 사람이 되려면 어떻게 해야 할까요? 이 책에서 말씀드리려고 하는 내용입니다. 나를 사랑하고 나에 관하여 정확히 알아야 합니다. 메타인지 능력이 뛰어난 사람은 다른 사람과의 관계도 좋을 수밖에 없습니다. 일종의 처세술이라고 해야 할까요? 무엇이 필요하고 필요하지 않은 것인지 정확히 파악할 수 있어야 하는 거죠. 나의 시각에서 판단하는 것이 아니라 다른 사람이 곡 필요한 무언가를 찾아낼 수 있어야 합니다. 물론 쉽지 않습니다. 내 생각과 다른 사람의 생각은 같지 않으니까요.

　관계 참 어렵습니다. 풀리지 않는 실타래도 노력하다 보면 어느 순간 갑자기 풀리기도 합니다. 메타인지를 활용해보면 다른 사람과의 관계를 조금 더 쉽게 풀어볼 수 있지 않을까요? 오늘부터 나의 내면을 발견하고 나를 사랑해 보세요. 행복의 기운이 몰려올 겁니다. 이론적인 것이 아니라 실생활에서 메타인지를 찾아보세요. 공감과 소통은 행복한 일상을 만들어 줍니다. 관계에도 메타인지가 필요한 이유입니다. 끝.